ASCULTÂND PRINTRE RÂNDURI

O PERSPECTIVĂ MISIOLOGICĂ ASUPRA CULTURII ROMÂNE

Cameron D. Armstrong

Cameron D. Armstrong

ASCULTÂND PRINTRE RÂNDURI

O PERSPECTIVĂ MISIOLOGICĂ ASUPRA CULTURII ROMÂNE

Cameron D. Armstrong

Ascultând printre rânduri: o perspectivă misiologică asupra culturii române

Autor: Cameron D. Armstrong
Copyright © 2019 Cameron D. Armstrong
Traducere de Mircea Țara
Titlu original: *Listening Between the Lines: Thinking Missiologically About Romanian Culture*

ISBN 978-606-94879-0-7

FaithVenture Media - *www.faithventuremedia.com*
Târgu Mureș, România

„Și fără credință este imposibil să-I fim plăcuți, pentru că oricine se apropie de El trebuie să creadă că El există și că îi răsplătește pe cei ce-L caută."
Evrei 11:6

Descrierea CIP a Bibliotecii Naționale a României
ARMSTRONG, CAMERON D.
   Ascultând printre rânduri : o perspectivă misiologică asupra culturii române / Cameron D. Armstrong. - Târgu Mureș : FaithVenture Media, 2019
   Conține bibliografie
   ISBN 978-606-94879-0-7

2

Toate drepturile rezervate. Nicio parte din această publicație nu poate fi reprodusă, stocată în vreun sistem de date sau transmisă în nicio formă și prin nicio modalitate (tipărită, scrisă, xeroxată, fotografiată, înregistrată imagini, audio sau copiată în orice altă formă) fără permisiunea autorului sau a editurii.

Biblia, Noua Traducere Românească (NTR)
Copyright © 2007, 2010, 2016 by Biblica, Inc.®
Folosit cu permisiune. Toate drepturile sunt rezervate

Ascultând printre rânduri

REACȚII LA *ASCULTÂND PRINTRE RÂNDURI*

Din clipa în care Cameron Armstrong a ajuns în București am fost impresionat atât de dorința lui puternică de a înțelege limba și cultura românilor, cât și de zelul lui pentru răspândirea Evangheliei. Experiența lui pe teren și cercetarea amănunțită pe care a făcut-o vor fi o resursă de mare preț pentru orice misionar implicat pe termen lung sau scurt. Cameron a făcut lumii misiologice o mare favoare prin împărtășirea observațiilor lui acute și prin dezvoltarea de relații interculturale profunde.

Dr. Richard C. Clark
Pastor senior
Biserica baptistă Indian Springs din Laurel, Mississippi
Fost misionar BIM în România

Timp de aproape trei decade, o Românie eliberată și democratică a fost locusul unui număr mare de activități misionare, unele mai folositoare decât altele. În volumul de față, Cameron oferă un tipar misiologic pertinent, o modalitate prin care poți avea un impact mai puternic prin intermediul unor relații veritabile și bazate pe o informare culturală profundă. Dacă ați lucrat vreodată în Europa de Est, vă recomand să citiți, să învățați și să aplicați principiile pe care le veți găsi în această carte.

Dr. George G. Robinson
Profesor asistent de Misiuni și Evanghelism
Headrick Chair of World Missions
Seminarul teologic baptist de Sud-Est

Cameron Armstrong realizează ceea ce puțini lucrători inter-culturali, fie ei implicați pe termen lung sau scurt, înțeleg: în slujire relațiile sunt cu adevărat importante. Observațiile și implicațiile regăsite în acest volum, deși sunt într-un context românesc, ele depășesc cu mult granițele acestei țări.

Dr. Misiologie Tom Steffen
Profesor în studii interculturale
Școala de studii interculturale Cook
Universitatea Biola

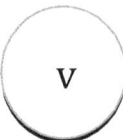

Cameron D. Armstrong

Scriitura lui Cameron este construită dintr-o cunoaștere academică vastă obținută în SUA și peste șase ani de experiență pe teren, în România. A fost o adevărată binecuvântare să avem familia Armstrong alături de noi; nu doar ca misionari americani, ci și ca membri ai familiei bisericii noastre din București.

M. Th. Ben Mogoș,
Pastor fondator
Biserica baptistă Agapia
București, România

Cameron Armstrong examinează, printr-o lentilă misiologică, modul în care Evanghelia slujește poporului român la nivel personal, emoțional și societal. Privind la aceste aspecte și sfere multiple ale culturii românești, el reușește să angreneze și să provoace cititorul să gândească din perspectivă misiologică modul în care se poate sluji holistic, indiferent de țara sau cultura în care acesta se află.

Jeff Cardell
Misionar pe termen lung
Adventures in Missions
Timișoara, România

În cartea sa, „Ascultând printre rânduri", Cameron Armstrong face o contribuție valoroasă slujirii contextualizate. Pasiunea lui pentru Evanghelie, cercetarea sa puternic relațională, spiritul său umil și grațios, alături de experiența sa în România sunt conectate pentru a oferi o resursă practică, plină de observații folositoare pentru cei care trimit, merg ca, sau chiar primesc misionari interculturali printre români.

Dr. Preston Pearce
Strateg în educația teologică în Eurasia
Bordul internațional de misiune, SBC
Praga, Cehia

Ascultând printre rânduri

Cameron scrie din experiențele și interacțiunile zilnice pe care le-a avut intersectându-se cu realitățile culturale românești. Această lucrare este aplicabilă și accesibilă deopotrivă pentru antropologi și cititorii laici, nespecializați.

Dwight Poggemiller
Lider de dezvoltare și pregătire
Greater Europe Mission
Timișoara, Romania

Aceasta este cartea pe care trebuie să o citești înainte de a porni într-o călătorie misionară în România, de scurtă sau de lungă durată. Vei găsi observații importante cu privire la cultura românilor și modul în care ei aplică Evanghelia contextului lor. Recomand acest volum și evanghelicilor din România pentru ca ei să fie și mai eficienți în împărtășirea Evangheliei cu prietenii, familia sau colegii lor.

Ionuț Popescu
Lider Alege Viața
București, România

După mai bine de douăzeci de ani de slujire în România am avut parte de o gamă completă de experiențe culturale. Lucrarea lui Cameron Armstrong este bine informată cu privire la aspecte ale bisericii și culturii din această țară, este bine împământenită și generoasă. M-a ajutat să mă îndrăgostesc din nou de bogăția contextului cultural românesc!

Dave Cox
Lider EFCA ReachGlobal
București, România

Cameron D. Armstrong

Pentru Jessica: soție preaiubită, mamă iubitoare, ajutor statornic și prietenă dragă

Cărți publicate de FaithVenture Media

Using Technology for Your Church (2017)

Providence: God's Care for the Lost Sheep (2017)

Patience Before Marriage (2017)

Thirty Days of Thanksgiving (2017)

Listening Between the Lines (2018)

Ascultând printre rânduri (trăducere) (2019)

Dacă dorești să afli mai multe despre cărțile publicate de FaithVenture Media, intră pe www.faithventuremedia.com/list-of-books

Cameron D. Armstrong

x

INTRODUCERE: CĂLĂTORIA MEA

„Joacă fotbal și spune Evanghelia." Această frază este tot ce-mi amintesc din broșura pe care am primit-o la târgul de misiune al colegiului meu, în care se vorbea despre o călătorie misionară în România, excursie ce avea să aibă loc în primăvara anului următor. Fraza mi-a atras atenția și m-am gândit, „ei bine, nu știu exact unde e România, dar atât sunt sigur că pot să fac!" Astfel, șase luni mai târziu am descoperit că iubesc să le spun românilor despre Hristos.

M-am născut într-o casă cu baze creștine solide, într-o familie în care de mic copil am auzit Evanghelia de la părinții mei. Totuși, la vârsta de patru ani moartea a devenit ceva concret pentru mine când am suferit o lovitură puternică la cap într-un accident de mașină. Pe durata spitalizării, care a durat aproximativ o lună de zile, doctorii erau convinși că nu voi mai putea merge sau vorbi vreodată. Dar Dumnezeu a avut un alt plan cu mine. După câteva săptămâni în comă, Dumnezeu mi-a redat abilitatea de a vorbi și de a umbla.

Mai mult decât atât, tatăl meu mi-a arătat cum Dumnezeu mi-a dat să gust, chiar de mic, ce înseamnă să fii muritor. Într-o zi, tatăl meu mi-a spus că și eu voi sta înaintea tronului lui Dumnezeu și că voi fi singur răspunzător de credința pe care o am (sau nu) în inima mea. În acea zi, mi-a explicat el, nu voi putea arăta cu degetul spre credința tatălui meu sau a mamei mele, sau spre numărul duminicilor pe care le-am petrecut în biserică. Astfel, la frageda vârstă de cinci ani, am înțeles cu o claritate surprinzătoare că sunt păcătos înaintea lui Dumnezeu, că nu sunt capabil să mă salvez singur şi că am nevoie de harul salvator al lui Hristos. De atunci nu am privit niciodată înapoi.

Presupun că prima mea experienţă de viaţă peste ocean a fost perioada în care am locuit în Japonia. Tatăl meu a lucrat pentru compania Nissan cea mai mare parte din cariera sa. De aceea, am petrecut optsprezece luni în Yokohama cânt eram în şcoala generală. Am urmat cursurile unei şcoli internaţionale în acea perioadă şi adesea visam la ţările de origini diverse ale colegilor mei internaţionali. Am locuit scurte perioade de timp şi în Singapore, Malaiezia şi insulele Saipan. Am ales să merg la un colegiu creştin în Tennessee – Universitatea Union, care era afiliată cu Convenţia baptistă de sud. Probabil pentru că am crescut mergând la o biserică baptistă. Dar aceste lucruri nu aveau o însemnătate pentru mine, atunci. De aceea, când s-a ivit oportunitatea de a merge în România, nu am realizat că misionarii din Bordul internaţional de misiune de atunci aveau să-mi fie colegi într-o zi. Dar cred că am mers cu povestea un pic prea departe.

Acea săptămână de aprilie, din anul 2005, petrecută în estul României, mi-a schimbat viaţa. Deşi fusesem mereu o persoană retrasă şi timidă, m-am oferit voluntar să merg în faţa oamenilor din biserici şi să le spun mărturia mea. Am îndrăznit să spun Evanghelia în casele oamenilor. Am învăţat câteva cuvinte în româneşte şi mă simţeam plin de viaţă.

Ce mi-a plăcut cel mai mult la acea primă călătorie a fost închinarea alături de creştinii români şi rroma. Îmi amintesc foarte clar cum stăteam într-o biserică de rroma în apropierea orașului Brăila, transpirând din greu deoarece pastorul m-a pus să stau lângă o sobă pe lemne care încălzea toată clădirea. Cântarea era vibrantă și toate mâinile din încăpere erau ridicate. Mi-am spus: „Nu știu dacă pot face ceva pentru acești oameni, dar mi-e de-ajuns să fiu în preajma lor."

Astfel că, atunci când, anul următor, mi s-a dat oportunitatea să revin în România pentru o vară întreagă am profitat de ea. Din nou, am iubit fiecare clipă petrecută în misiune. Predicarea, învățarea, împărtășirea Evangheliei în fiecare zi *pentru mine nu erau o corvoadă*. După acea vară m-am întors în SUA înflăcărat pentru misiune, spunându-le tuturor care voiau să mă asculte cum m-a folosit Dumnezeu în România. În cele din urmă am ajuns să slujesc trei veri în România (în Cluj, București și Timișoara).

La un an după absolvirea colegiului am realizat că era timpul potrivit pentru mine să mă înscriu la seminar și să urmez calea misiunii. Am ales seminarul pe care l-am considerat cel mai concentrat pe lucrarea misionară în acei ani: Seminarul teologic baptist de sud-est, din Wake Forest, NC. Seminarul are relații apropiate cu Bordul internațional de misiune (BIM) și găzduiește în mod regulat evenimente în care seminariștii pot afla mai multe detalii despre cum se pot implica în lucrare alături de BIM. În anul 2010 am fost dezamăgit de faptul că BIM nu avea nici o poziție listată pentru România, dar mi-am spus: „Există nevoie de ajutor în plantarea de biserici și în India sau în Asia de sud. Nu sunt căsătorit și nu am nimic de pierdut. Așa că, de ce nu?" În retrospectivă aceea nu a fost o decizie înțeleaptă și nici luată prin rugăciune. Le sunt mulțumitor unor profesori, precum George Robinson, care m-au ajutat să văd acest lucru. Mai erau și alți factori la orizont de care trebuia să țin cont.

Mi-am întâlnit soția în anul 2009, dar abia după ce am început procesul de plecare ca misionar în India Dumnezeu mi-a deschis ochii și am realizat că Jessica putea fi aleasa. Ne înțelegeam de minune, cum se spune, și la o lună de zile după ce am început să ne întâlnim știam deja că vreau să mă căsătoresc cu ea (totuși, am mai așteptat câteva luni până să o cer de soție). Am oprit demersurile pentru plecarea mea în India și s-ar putea zice că am început demersurile pentru Jessica. Ne-am căsătorit în iulie 2011, iar în acea toamnă am aplicat la BIM.

Este uimitor modul în care Dumnezeu lucrează. Jessica nu se gândise să devină misionară până când nu ne-am cunoscut. Totul era nou pentru ea. Așa că ne-am decis să urmăm un program de doi ani în cadrul BIM numit *Journeyman* (Călătorul, n.t.). Am fost absolut șocat să văd la una din conferințele *Journeyman* un post deschis pentru lucrarea de plantare de biserică în București, România. În mod natural atenția noastră s-a îndreptat spre această poziție și după ce am discutat pe Skype cu supervizorii noștri potențiali, Richard și Wanda Clark, BIM ne-a oferit acest post. Ca o mică recapitulare, cu puțin timp în urmă, drumul meu spre România era închis, ca bărbat necăsătorit, dar s-a deschis complet pentru mine ca om căsătorit. După ce programul nostru de pregătire de doi ani s-a încheiat, am simțit că Dumnezeu ne cheamă să rămânem ca misionari pe termen lung în București. Nu pot să îi mulțumesc îndeajuns de mult lui Dumnezeu pentru că mi-a oferit ajutorul potrivit pentru această viață de misionar.

Până la ora actuală (2019, n.t.) am slujit două termene în București. Suntem deci în lucrare în România prin BIM de aproximativ șase ani. Deși rolurile noastre, circumstanțele vieții și dinamica echipei s-au schimbat, Dumnezeu și-a demonstrat credincioșia și statornicia față de noi. Ne-am făcut prieteni apropiați în România și este o onoare pentru noi să învățăm de la ei.

În 2014, supervizorii mei de la BIM mi-au susținut decizia de a mă înscrie în programul doctoral de Educație Interculturală, din cadrul Școlii Cook pentru studii interculturale de la universitatea Biola. O serie de factori făceau din această universitate alegerea potrivită pentru mine: mulți profesori din cadrul facultății activaseră ca misionari, cursurile aveau un format modular, studenții și cadrul didactic erau caracterizați de o mare diversitate etnică, dedicarea constantă inerenței biblice. Am reușit să finalizez cursurile și am pășit în faza următoare: perioada dizertației.

Ceea ce veți citi în continuare este o compilație a mai multor eseuri pe care le-am scris pe durata doctoratului meu la Biola. Toți profesorii pe care i-am avut ne-au sfătuit să aplicăm ceea ce învățăm la contextul slujirii noastre. Un alt dar minunat din partea lui Dumnezeu, regăsit în temele primite, este cercetarea calitativă, care se folosește de informații obținute în mod verbal din interacțiuni și interviuri personale, realizate față în față. Următoarele șapte eseuri au o abordare calitativă. Deși au fost scrise în diverse perioade în ultimii câțiva ani și pot fi considerate texte de sine stătătoare, ceea ce le aduce împreună și le oferă coeziune este contextualizarea. Sper că prin aceste eseuri pot oferi o perspectivă „din interior", astfel încât misionarii veniți din vest, ca mine, să învețe cultura românească direct de la sursă: de la români. Bărbații și femeile ale căror povești sunt scrise în această carte îmi sunt prieteni pe care i-am cunoscut de-a lungul anilor. Numele lor au fost schimbate pentru a le păstra anonimitatea.

În cei treisprezece ani de când slujesc în România, am descoperit că multe biserici din partea de vest a globului, în mod special din Statele Unite, de multe ori trimit în România misionari de scurtă și de lungă durată. De exemplu, la o căutare rapidă pe Google pentru „călătorii de misiune pe termen scurt în România" avem 515.000 de rezultate (la căutarea în limba engleză, n.t.). Deși Trupul lui Hristos ar trebui să se bucure de numărul mare de oameni care slujesc în misiune în România și de numărul românilor care aud mesajul Evangheliei, există un real pericol de a nu înțelege deloc cultura în care un misionar pășește (fie și pentru o săptămână). Misiologii numesc lucrarea delicată de a răspândi Evanghelia în moduri cultural-relevante „contextualizare". Această carte funcționează ca una din resursele care pot ajuta la ghidarea conversațiilor contextualizate, dincolo de întrebări simpliste precum „ce fel de mâncăruri au?" sau „cum se îmbracă?" Cu voia lui Dumnezeu, pastori și misionari din vest sau chiar din România, atât cei care trimit misionari, cât și cei care îi primesc vor beneficia dintr-un astfel de dialog.

Scopul meu în aceste pagini nu este să ofer un răspuns definitiv la întrebări culturale sau să declar că am găsit „cea mai bună cale" pentru slujirea din România. De fapt, am mai multe întrebări decât răspunsuri. Din fericire, această carte este mărturia faptului că toți creștinii, fie ei din România sau din altă parte, trebuie să se lupte cu aceste întrebări împreună.

O ultimă notă. Deși în această carte iau în considerare contextul României și românilor, Bucureștiul și baptiștii au parte de o examinare mai amănunțită. Nu simt nevoia să îmi cer scuze pentru asta deoarece am scris și am făcut cercetare pe lucrurile care îmi sunt aproape și pe care le iubesc. Locuiesc în București, predau în cadrul seminarului baptist din București și lucrez alături de biserici baptiste românești la catalizarea eforturilor de plantare de biserici. Sper, totuși, că analiza mea va ajuta și alte grupuri, care slujesc în alte regiuni, să ducă Evanghelia în toate colțurile lumii.

Să fac o listă cu toți cei cărora doresc să le mulțumesc pentru ajutorul oferit în toți acești ani îmi este imposibil. Dar voi începe prin a le mulțumi tuturor românilor, bărbați, femei și copii care m-au învățat cu multă dragoste aspecte ale culturii române. Doresc să le mulțumesc pastorilor, profesorilor și misionarilor care au investit în mine, au crezut în mine, m-au provocat și au continuat să mă încurajeze să îmi depășesc limitele. Le mulțumesc în mod special liderilor slujitori care au recomandat prin cuvintele lor această carte. Vreau să le mulțumesc părinților mei care mi-au vorbit de Hristos, care au fost un model de căsnicie evlavioasă și s-au rugat neîncetat pentru familia mea. Mulțumesc Bill pentru ideea de a scrie această carte. Mulțumesc Mircea pentru coperta genială realizată pentru această (primă) carte. Jeremy, Magda și FaithVenture Media, vă mulțumesc că mi-ați oferit șansa de a publica acest volum cu voi. Mulțumesc surorii mele Kendall pentru puterile ei uluitoare de editare. Bineînțeles, doresc să-i mulțumesc și miresei mele preaiubite, Jessica, pentru că m-a suportat pe toată perioada în care am scris, rescris și compilat această carte ce vorbește despre România. Volumul acesta îți este dedicat ție, iubita mea.

Soli Deo gloria,
Cameron D. Armstrong
București, România,
August, 2019

CAPITOLUL UNU:

ANTROPOLOGIA ȘI MISIOLOGIA SOCIALĂ ÎN CONVERSAȚII: UN STUDIU DE CAZ DIN ROMÂNIA

Înțelegerea modului în care este organizată o societate este esențială în construirea unei strategii misionare, cu atât mai mult dacă slujirea are loc în context intercultural. Deoarece misiunea la nivelul ei de bază presupune interacțiunea oamenilor cu adevărul revelat al Bibliei, cunoașterea vieții și naturii oamenilor cu care dorești să interacționezi este esențială pentru formarea unui model de slujire. Ca misionar american ce trăiesc și lucrez în București sunt perfect conștient că informații cu privire la cultura românească se pot obține cel mai bine prin interviuri profunde care descriu, pe cât posibil, un punct de vedere ce provine din interiorul organizării sociale din România. Din acest motiv am fost nespus de recunoscător pentru cele șase interviuri pe care le-am avut cu Samuel. Samuel a locuit toată viața lui în București, iar soția lui ne este profesoară de limba română, mie și soției mele. Deși perspectiva lui Samuel nu este general valabilă pentru toată populația României, am petrecut suficient de mult timp împreună cu el ca să observ anumite tendințe.

Toate interviurile au avut loc în limba română, ceea ce i-a permis lui Samuel să vorbească liber despre organizarea socială din România[1].

Acest capitol va fi împărțit în două secțiuni mari: una teoretică și una practică. Folosind atât gândurile lui Samuel, cât și concepte antropologice, voi prezenta cum văd românii următoarele lucruri: modul în care relațiile apropiate funcționează ca rețele, interesele și ambițiile comune, identitatea socială a românilor. În cea de-a doua parte a capitolului voi demonstra modul în care aceste informații pot fi utilizate în diverse strategii misionare viitoare, atât cu scopul de a planta biserici, cât și pentru o continuare a cercetării. Totuși, înainte de a descoperi aceste concepte sociale, este de folos să înțelegem câteva informații preliminare legate de contextul istoric în care informatorul nostru cultural trăiește.

Informatorul cultural și lumea lui

După cum menționam mai sus, Samuel a trăit toată viața în București, capitala României. Cu o populație metropolitană de aproximativ două milioane de locuitori, Bucureștiul este de departe cel mai populat oraș din România. Capitala este un oraș modern, cu sistem de tranzit perfect operațional și un sector de afaceri în dezvoltare. Bucureștiul este astfel unul dintre jucătorii urbani importanți din Europa de est.

---

[1] Din când în când îl voi numi pe Samuel „informator cultural".

La scară națională, România este un tărâm al tranziției. Cultural, regiunea este un mix unic de elemente latine, slavice și turcești, datorită multiplelor cuceriri făcute de superputerile înconjurătoare de-a lungul istoriei. Aioanei (2006) declară că „cel mai mare blestem cultural al României este că se află pe un pământ al dominației inevitabile și la interferența permanentă ale puterilor politice internaționale" (pag. 707). Regiunea de sud-est a Europei a fost cucerită de diverși conducători până la mijlocul secolului al nouăsprezecelea, moment în care România s-a unit sub un singur rege. În cea de-a doua jumătate a aceluiași secol și timp de alte trei decenii în secolul douăzeci, cultura românească a înflorit. În consecință, aproape toți eroii culturali ai României de astăzi au trăit în acea perioadă. Însă, după cel de-al doilea război mondial (1947), partidul comunist susținut de sovietici a reușit să ajungă la putere și să țină sub control întreaga țară timp de mai bine de o generație, regularizând toate aspectele vieții românilor, de la tipul de mâncare pe care aveau voie să îl mănânce până la numărul de ture pe care aveau voie să facă cu mașina într-o zi de duminică (Djuvara, 2014). Deși perspectiva personală a informatorului cultural cu privire la această epocă va fi prezentată în continuare, în detaliu, este suficient să menționez aici că pentru majoritatea românilor, viața din timpul perioadei comuniste, nu ar trebui retrăită. După cum spunea un istoric român, „cea mai tragică consecință a acelei jumătăți de secol a fost distrugerea *sufletului* nostru" (Djuvara, 2014, p. 342, accentuarea aparține autorului). Din 1989, povestea României este una de recuperare și progres lent pentru ocuparea unei poziții în lumea industrializată.

Acest an (2018) marchează 29 de ani de la Revoluția sângeroasă din decembrie 1989, ceea ce înseamnă că o nouă generație, care nu a cunoscut înțepătura veninoasă a comunismului, s-a maturizat. Dar Samuel își amintește acea perioadă. La 18 ani, când gloanțele au început să zboare dinspre poliția secretă comunistă (securitatea) spre masele de oameni din București, Samuel nu își trăise doar întreaga copilărie în era comunistă, dar era prezent acolo, în mijlocul protestelor care au dus la prăbușirea sistemului socialist. Povestea lui Samuel este una unică. Am cunoscut doar o mână de oameni care au crescut în București și care să fie obiectivi în repovestirile lor, fără să tânjească după vremurile apuse ale trecutului României sau să disprețuiască prezentul corupt. Datorită perspectivei sale de *bucureștean* adevărat, sunt sigur că imaginea pe care a pictat-o cu privire la organizarea socială a României este cât se poate de autentică.

În viața de zi cu zi, informatorul nostru cultural lucrează ca șef de tură la o companie electrică, unde, de altfel, a muncit constant din clipa în care a terminat liceul. Samuel are 43 de ani, este căsătorit și are trei copii. Unul dintr-o căsătorie anterioară și doi copii care locuiesc împreună cu el. Deși soția lui este dintr-un oraș mai mic, Samuel și familia sa s-au mutat o singură dată (din apartamentul în care fusese crescut) și acum locuiesc într-un apartament cu două camere în partea de sud-est a Bucureștiului. În curând vom vedea clar că lucrul de care Samuel este cel mai mândru nu este munca lui, ci familia.

Pentru Samuel în mod special și pentru români în general, conceptele de *familie* și *neam* sunt saturate de semnificații culturale și personale. Pe scurt, familia este cea mai puternică legătură pe care cineva o poate avea, din moment ce de obicei prin legăturile de familie nevoile de bază sunt acoperite. Studierea naturii de reciprocitate a familiei și a legăturilor de familie este subiectul următoarei secțiuni.

Relații sociale și control

Când vorbim despre modul în care românii se relaționează unul față de celălalt la nivel social, importanța cunoașterii termenilor care denumesc membrii familiei nu poate fi suficient accentuată. Conform celor susținute de Schusky (1983), neamul este una dintre cele mai centrale probleme în studiul antropologic (p. 4). Din nou, în opinia acestui autor, familia este legătura principală pe care românii își bazează deciziile. Există un mental colectiv care pune mai mult accent pe gândirea în grup decât pe alegerea individuală.

Samuel a învățat acest lucru de la mama lui. Pentru că tatăl său a fost într-o oarecare măsură distant în copilăria lui, mama sa a fost sprijin pentru el și cea care se folosea de relațiile ei pentru a acoperi nevoile lor. Samuel își amintește: „Mama mea a fost secretară la spital, deci aveam anumite avantaje atunci când aveam nevoie de un doctor sau un dentist. Nu trebuia să dăm mită, pentru noi era mai ușor. Era un sistem în care colegii se înțelegeau unul pe celălalt și se ajutau." Evident, aceasta era viața sub regimul comunist, în care rețeaua de relații a unei persoane pornea de la familia și prietenii pe care îi avea, care la rândul lor puteau apela la favoruri.

Când a fost întrebat cum definesc românii „familia", Samuel a oferit un răspuns atât de surprinzător încât merită citat în totalitatea lui în cele ce urmează:

> Motivul pentru care muncești. Pentru noi ca români, pot să pun că familia este un ideal. Nu poate fi explicat de fiecare dată, adică nu a existat un moment precis în care am învățat ce înseamnă „familia". Este o comunitate de oameni care au aceleași interese, deși sunt oameni diferiți, ce încearcă să găsească un echilibru, încearcă să țină grupul și interesele grupului împreună. Adică ajungi să te dezvolți și să te identifici cu un singur grup separat de restul lumii, iar acestui grup i-am dat numele de familie. Pentru noi românii, familia este foarte importantă și asta se vede în toate lucrurile. Dacă lucrezi, lucrezi pentru familie. Dacă faci ceva extraordinar în viață, o faci pentru familie. Dacă cineva fură, pentru că sunt mulți oameni prinși făcând asta, el declară că a făcut asta pentru familia lui, chiar dacă a însemnat să se sacrifice pe sine... Familia înseamnă totul pentru noi ca români.

Aceste cuvinte ale informatorului cultural sunt extrem de semnificative din punct de vedere antropologic. Deși vorbește în termeni generali, Samuel susține aici că familia este unitatea în jurul căreia lumea românilor se învârte. De la naștere până la moarte, familiile au grijă una de cealaltă.

În acest punct, înainte de a continua acest studiu, se impun cel puțin trei observații. Prima: o familie funcțională care își ajută membrii și celebrează victoriile lor este ideală. Această normă culturală este vizibilă atunci când vine vorba să angajeze o „dădacă" pentru copii; este de neconceput pentru majoritatea românilor să angajeze pe cineva care să aibă grijă de copii zi de zi, când bunicii locuiesc în apropiere. A doua observație: tot ce realizează o persoană în viață se reflectă asupra familiei. Atingerea unui țel nu este ceva personal, cât o realizare socială. Cea de-a treia observație: deși relațiile de sânge sunt cele mai puternice relații, în familiile românești, o „familie" poate fi un grup strâns unit de interese comune. Unele activități pot fi „împinse în față" de rețelele de prietenii puternice și, în general, prietenii apropiați sau colegii de muncă nu au o problemă în a da o mână de ajutor într-un proiect de construcție sau chiar într-o criză financiară.

Antropologul Lawrence Rosen (1984), în studiul său asupra modului în care marocanii se folosesc de prietenii pentru a-și atinge scopurile, susține că, în general, culturile bazate pe rețele de prietenii sunt într-o stare constantă de negociere a limitei până la care pot fi duse aceste relații. Deși munca lui se referă specific la contexte musulmane, concluziile lui rezonează și în dependența puternică față de familie și rețelele de prieteni ale românilor. Aceste observații sunt critice pentru înțelegerea neamului românesc și a relațiilor de familie și vor avea un rol crucial în a doua parte a acestui studiu în care sunt exemplificate câteva posibile strategii de slujire.

Interese și ambiții

Interesele și ambițiile pot fi extrem de subiective, dar, cu toate acestea, pot fi baza unei discuții cu privire la modul în care atât cercetătorul, cât și subiectul cercetat înțeleg lumea și natura lor umană. Redfield (1989) notează faptul că modul în care o persoană înțelege natura umană îi va afecta modul în care își va organiza lumea socială (p.48). După cum a fost ilustrat deja, interesele și ambițiile joacă un rol cheie în modul în care se dezvoltă prieteniile, oferind un control mai mare asupra resurselor fizice și sociale. Mai mult, Adams (1975) ne amintește că *puterea* se referă la abilitatea unei persoane sau a unui grup de acționa, în timp ce *controlul* este un drum cu sens unic (pp. 21-24). Prin folosirea relațiilor, în societatea românească, puterea și controlul sunt o realitate zilnică.

Samuel observă de asemenea importanța intereselor, ambițiilor și controlării resurselor. Deoarece familia este pentru el cea mai de preț resursă, Samuel este prea puțin preocupat de *proprietăți* și *bani* și aproape deloc de prestigiul personal. Cu toate acestea, el este de părere că cunoașterea practică este cea mai bună resursă pe care cineva o poate obține. La fel, ceea ce valorează mult pentru el sunt laudele primite de la familie pentru că e *om bun la toate* pe lângă casă și a reparat balconul.

Informatorul cultural admite că românii moderni pun preț pe educație și diplome. Samuel îmi relata că pe timpul comunismului situația nu stătea deloc așa. De fapt, muncitorii cu diplome erau priviți de sus deoarece „pierduseră patru-cinci ani în școală". Astăzi, însă, mulți români din zonele urbane ajung absolvenți care apoi își continuă educația obținând și un masterat pentru a-și îmbunătății CV-ul în vederea unor oportunități de angajare mai bune.

Deși acest cercetător a fost surprins de faptul că Samuel este exemplul unei persoane care nu caută prestigiu, România este considerată „o cultură cu distanță mare față de putere" (The Hofstede Center, 2014, http://geert-hofstede.com/united-states.html). Distanța față de putere se referă la gradul în care indivizii și organizațiile acceptă diferența de statut, în special din perspectiva celor care au un statut limitat (Hofstede et. al., 2010).

În culturile cu distanță mare față de putere inegalitatea este un fapt ce nu poate fi evitat, în timp ce culturile cu distanță mică față de putere preferă egalitarismul (pag. 61). Ceea ce înseamnă că românii sunt confortabili cu inegalitatea între membrii societății. O recunoaștere aparte este oferită celor care au terminat o facultate, au diverse titluri sau poziții, sau sunt în vârstă. Deși Samuel nu s-a întors la facultate să își finalizeze masteratul în anul 2010, pe care el îl vede ca o necesitate în cadrul sistemului actual, nu doreşte să epateze cu educaţia sa şi nici nu simte nevoia să o folosească pentru a obţine un loc de muncă mai bun în altă parte.

Ca să reiterez, observaţiile informatorului cultural demonstrează că, în general pentru români şi în mod specific pentru bucureşteni, cele mai importante lucruri sunt familia şi spaţiul personal. Întrebat unde se simte cel mai împăcat şi dacă are un spaţiu personal, Samuel face un gest larg care include emfatic apartamentul său, după care spune: „Acesta este spaţiul meu personal, de la uşa de la intrare până la baie, până la balcon, şi nu contează dacă Vlad (fiul lui în vârstă de cinci ani) vine, iar eu sunt obosit; nu mă afectează... Chiar dacă sunt afară, pe stradă, spaţiul meu personal este acolo unde e familia mea." Într-adevăr, cei doi copii ai informatorului sunt la o vârstă care impune mai mult timp petrecut acasă decât în oraş, dar cuvintele lui Samuel demonstrează un ataşament greu de exagerat. De mici, copiii români sunt învăţaţi că legătura dintre părinte şi copil este cea mai de lungă durată relaţie intrinsecă din viaţa lor. Prin contrast cu copiii americani, Samuel povesteşte despre modul în care copiii români dorm în acelaşi pat cu părinţii lor până la vârsta de trei, patru ani, astfel părinţii învăţându-i în mod non-verbal că vor fi alături de ei de câte ori vor avea nevoie. Samuel povesteşte mai departe: „dar noi (ca români), suntem foarte-foarte apropiaţi de copiii noştri, exagerat de apropiaţi, dar aşa simţim noi. Din punctul meu de vedere nu e bine să laşi copiii să doarmă singuri deoarece ei au nevoie de afecţiune.

Pentru mine, cel mai fericit copil e acela care e în brațele mamei sale, pentru că au nevoie de cineva care să le ofere dragoste și protecție." Într-adevăr, acest obicei poate părea ciudat pentru urechile americanilor, unde spațiul personal de somn este clar structurat pentru fiecare membru al familiei.

Mai jos este prezentată o schemă a blocului lui Samuel pe care a desenat-o chiar el. Majoritatea apartamentelor românilor includ o bucătărie, o sufragerie sau cameră de zi, o baie, o debara și de multe ori un balcon. Deși apartamentul lor are două dormitoare, întreaga familie formată din patru persoane doarme în dormitorul 1. După cum am menționat mai sus, deoarece amândoi copiii lui Samuel sunt mici, iar soția lui, Diana, rămâne cu ei acasă, acest apartament formează piesa centrală a lumii lui.

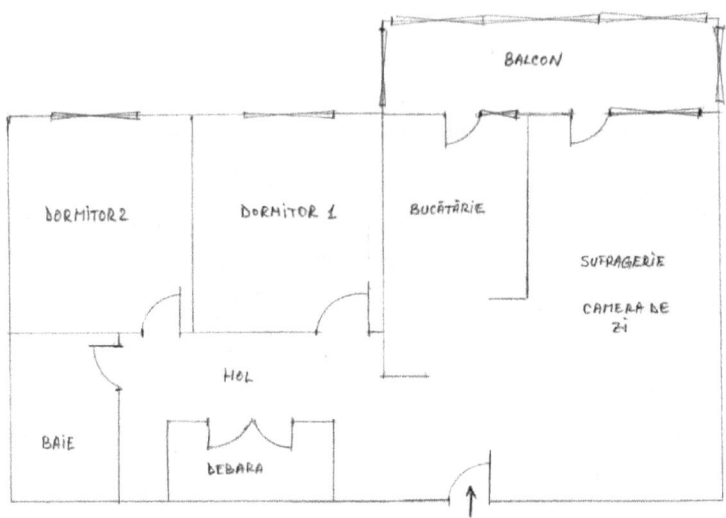

Redfield (1989) are din nou dreptate când spune că, pentru locuitorii din zonele urbane, organizarea socială este bazată pe relații personale mai mult decât pe roluri individuale în cadrul comunității (pag. 124). Se pune mai multă valoare pe oameni decât pe teritoriu sau proprietate, în special când suprafața de locuire este mică, iar Bucureștiul este în continuă creștere. După cum am putut observa din viața informatorului nostru cultural Samuel, familia și prietenii apropiați formează baza societății românești.

Ne îndreptăm acum atenția spre dezvoltarea unei strategii de slujire, cu focus pe plantarea de biserici pline cu oameni asemenea lui Samuel. Ținta este o comunitate concentrată pe *relații și familii* și nu pe *putere și prestigiu*. Ca adiție la temele precedente dezvoltate în scopuri practice, secțiunea „aplicații pentru slujire" va fi construită ca o adresare către liderii boardurilor de misiune, care sunt responsabili de implementarea plantărilor de biserici în București. Studiul va concluziona apoi oferind rute posibile de cercetare în domeniul antropologiei sociale și a slujirii în București, România.

Aplicații pentru slujire

Colegii mei și cu mine slujim alături în București și suntem dedicați plantării de biserici într-un oraș cu mai puțin de 1% evanghelici. Deși harta prezentată în continuare are aproximativ 10 ani vechime și se bazează strict pe cifre ce includ doar denominațiunea baptistă, ea reprezintă într-adevăr sud-estul României (partea în care se află și Bucureștiul) care are cea mai mică prezență evanghelică. Vestul și regiunile centrale ale României, de multe ori numite și „centura biblică a estului Europei", păstrează în mod constant cel mai mare procentaj de evanghelici din țară.

Sursa: "Baptiști pentru România (2002)",
http://commons.wikimedia.org/wiki/File:Baptisti_Romania_%282010%29.png.

Slujba noastră este mare și nu poate fi realizată fără dependență disperată de Dumnezeu, pentru că în cele din urmă aceasta este lucrarea Domnului și nu a noastră și pornește de la o înțelegere a culturii românești, deoarece românii vor fi cei care o vor duce mai departe. Trebuie să înțelegem nu doar arta comunicării interculturale, dar, de asemenea, să îi lăsăm pe români să ne învețe modul în care societatea lor operează.

Pe o perioadă de câteva luni, am avut ocazia să intervievez un prieten român, pe nume Samuel, cu privire la acest subiect. Aceasta a fost o experiență minunată pentru mine și soția mea, o experiență care m-a ajutat să pătrund mai profund în viețile prietenilor noștri români. Sunt două motive pentru care scriu aceste rânduri. Primul, ca să vă prezint ceea ce am descoperit și să explic modul în care aceste idei pot ajuta pe mai departe eforturile de plantare de biserici. Al doilea, pentru a sugera și alte zone care pot fi explorate ca să înțelegem cum Hristos poate avea un impact mai puternic în viața oamenilor din București. Speranța mea este ca după citirea acestui eseu să ne strângem împreună nerăbdători și mai bine informați, să avem sesiuni de strategie și brainstorming.

Voi începe explicând cum am conceput procesul de cercetare. Misiologi veterani au susținut că lucrătorii din sectoare interculturale trebuie să dezvolte o înțelegere din interior a structurilor sociale, în mod particular a familiei, pentru a putea pricepe modul în care o viziune asupra vieții este formată și modificată în cultura gazdă. Evanghelizarea care are ca intenție plantarea de biserici trebuie să aibă ca țintă casele, nu doar indivizii. Orice încercare de a interacționa cu liderii culturali trebuie să se alinieze cu structurile sociale. Apeh (1989) notează: „Leadership-ul construit pe baza structurilor [existente] îi va ajuta pe oameni să relaționeze unii cu ceilalți și să accepte ceea ce le este prezentat drept un pachet care nu vine de la străini" (pag. 87). Puterea evangheliei se vede cel mai clar atunci când munca dificilă a contextualizării critice a fost făcută cu succes, prezentată robust în grupuri noi și în biserici care cresc într-o unitate biblică care este unică spațiului lor cultural.

Mai mult, putem integra și concluziile la care a ajuns Lingenfelter (1996), și anume, misionarul, într-un context intercultural trebuie să caute în mod constant o înțelegere mai aprofundată a mediului social al celor pe care îi slujește. În cartea sa, *Transformarea culturii* (trad.), Lingenfelter(1996) subliniază cinci pași spre o mai bună înțelegere a mediului social: maparea spațiului, definirea jucătorilor, identificarea relațiilor primare, explicarea activităților esențiale și a orarului în care se integrează aceste activități (pag. 35-40). În interviurile pe care le-am avut cu Samuel, întrebările mele s-au bazat în mare parte pe aceste cinci elemente.

După această scurtă introducere a teoriei care a stat în spatele interviurilor pe tema organizării sociale, voi explica mai pe larg procesele de intervievare și care, în opinia mea, sunt atât punctele forte și slăbiciunile acestei abordări pentru plantatorii de biserici. După cum am menționat deja, Samuel a fost de acord să participe la șase interviuri; fiecare dintre ele a durat aproximativ o oră și a decurs în totalitate în limba română. Deși inițial întrebările le-am pregătit în limba engleză, le-am tradus în română și am fost asistat de profesoara mea de limbă română (soția lui Samuel) pentru a le finisa astfel încât „să sune" mai românește. Fiecare interviu a fost construit în jurul unui subiect, precum interesele sau resursele personale, iar întrebările au fost puse folosind metoda finalului deschis astfel încât Samuel să elaboreze răspunsul cât de mult dorea. Nu doar că informațiile pe care le-a oferit erau fascinante, dar la finalul interviurilor, Samuel și cu mine eram deja prieteni și el mi s-a destăinuit și cu privire la anumite probleme personale care erau cu adevărat importante pentru el.

Născut și crescut în sectorul sudic al Bucureștiului, Samuel avea optsprezece ani când a avut loc revoluția din 1989. Asta înseamnă că și-a petrecut toată copilăria sub comunism și își amintește clar cum stătea la coadă la pâine sau cum se juca cu copiii vecinilor purtând costumul lui de *pionier*, ca elev îndoctrinat încă din clasa a doua. Samuel a fost prezent alături de alți tineri români când s-au tras primele gloanțe în decembrie 1989, care au semnalat sfârșitul regimului comunist. La 18 ani a început lucrul ca electrician, muncind din greu în schimburi de tură la ore târzii. Acum, la 43 de ani, lucrează pentru aceeași companie.

În timp ce majoritatea românilor cu care am vorbit au o opinie sau alta legată de regimul comunist, Samuel este onest când îmi spune că nu poți compara viața de dinainte de 1989 cu cea de după. Ambele perioade au problemele lor, spune Samuel, deși astăzi românii au posibilitatea emigrării în Europa de vest, Statele Unite sau Canada. Dar Samuel și soția lui sunt fericiți cu viața lor în București, deși și-ar dori ca cei doi copii ai lor să își găsească locuri de muncă în țări cu PIB (produs intern brut) mai mare decât cel al României. Pentru a putea analiza informațiile mai departe am împărțit subiectele în următoarele categorii: familia și familia extinsă; status, rol și divizia muncii; și credințe religioase. Fiecare subiect va fi analizat pe rând.

Familia și familia extinsă

Familia este lucrul de care Samuel este cel mai mândru, considerându-l ca fiind cel mai mare succes din viața lui, motivul pentru care muncește și trăiește. Deși a avut o mamă iubitoare, iar recent s-a apropiat și mai mult de tatăl său, Samuel își amintește că acesta era distant și de aceea, s-a decis ca în fiecare zi să fie un exemplu de dragoste și bunătate față de soția și copiii lui. Definiția pe care Samuel o dă familiei este una revelatoare care construiește o imagine acută a perspectivei sale asupra lumii și, deși următorul citat este destul de lung, el merită prezentat aici. Familia, spune Samuel, este:

> Motivul pentru care trăiești. Motivul pentru care lucrezi. Pentru noi ca români, pot să spun că familia este un ideal... pentru noi ca români, familia este foarte importantă, iar asta se vede în toate lucrurile. Dacă lucrezi, lucrezi pentru familie. Dacă faci ceva extraordinar, faci asta pentru familie. Dacă cineva fură, pentru că sunt mulți oameni prinși făcând asta, el declară că a făcut asta pentru familia lui, chiar dacă a însemnat să se sacrifice pe sine... Familia înseamnă totul pentru noi ca români. Cred că am zis bine când am zis că e un ideal să ai familia perfectă, să se dezvolte bine.

Importanța familiei pentru români nu poate fi exagerată. Indiferent ce decizie ar lua cineva, sau ce succes ar obține, românii sunt mereu conștienți că, la un anumit nivel, familia va fi parte din acel proces. Deciziile majore care afectează doar un individ nu apar pe harta elementelor care formează sistemul de valori ale românilor.

Deși limba română nu include un termen unic pentru fiecare membru al familiei, după cum este comun în alte culturi (vezi Schusky, 1983), limba română rezervă câțiva termeni specifici pentru gradele de rudenie care prezintă adevărata mărime a „familiei". De exemplu, termenii de *naș* sau *fin*, ajung să facă parte din familia extinsă prin căsătoria sau botezul creștin ortodox și, deși nu sunt rude de sânge, aceștia sunt responsabili de dezvoltarea spirituală a unei familii pe toată durata vieții lor. De asemenea, termenii *cuscru* și *cuscră*, desemnează în mod special relația familială dintre socri, dintre părinții mirelui și ai miresei. Deși o astfel de terminologie poate suna neobișnuit pentru urechile vestice, observatorul intercultural poate înțelege cât de mare poate fi familia unui român.

Comunitate

Deoarece românii pun un accent atât de puternic pe legăturile personale și relaționare, comunitatea este și ea o componentă centrală în structura socială românească. Samuel mi-a relatat întâmplări atât din perioada comunistă, cât și din cea de după, în care comunitatea a oferit ajutor cuiva în nevoie. Fie că era vorba de ajutor financiar, ajutor la câmp, sau fizic, prietenii erau gata să se ajute între ei.

Bineînțeles, ajutorul strâns din cadrul comunității poate fi folosit spre bine sau spre câștig ilicit. Drept exemplu pozitiv, în această vară Samuel plănuise să construiască un gard în jurul casei pe care soția lui a moștenit-o într-un sat mic la câteva ore distanță de București. Samuel declară: „mi-am făcut deja o listă de oameni cu care pot să vorbesc să vină să mă ajute și sunt prieteni care nu-mi vor cere niciun ban pentru asta. Vor mânca cu mine, vor dormi acolo; avem o prietenie bună." Iar ca exemplu negativ este corupția politică care face ravagii în România. Prin faptul că rețelele de cunoștințe sunt folosite pentru câștiguri politice și personale, mita a ajuns să fie văzută ca parte din cultură.

Status, rol și divizia muncii

Centrul Hofstede raportează că România este o cultură „cu distanță mare față de putere" (2015, http://geert-hofstede.com/romania.html). Asta înseamnă că națiunea este confortabilă să îi vadă pe anumiți indivizi ca având un prestigiu mai mare decât alții. În România, distanța față de putere și prestigiul sunt adeseori obținute prin diplome academice înalte, o experiență îndelungată la locul de muncă sau vârstă.

Totuși, în mod surprinzător, Samuel nu se potrivește acestui tipar. Dimpotrivă, el a refuzat de mai multe ori să fie promovat în cadrul companiei, promovare care i-ar fi adus mult prestigiu. Deși este șef de tură, Samuel nu caută să avanseze doar pentru a-și umfla CV-ul, sau ca alții să fie dependenți de el. În acest context iese în evidență smerenia lui Samuel și „familistul" din el: „Eu merg la lucru să câștig bani! Nu merg la lucru să ajung șef sau director." Putem spune cel puțin că atitudinea lui Samuel față de afaceri și competiție este una diferită, nu una care să ofere o privire de ansamblu asupra forței de muncă din România.

De asemenea, în această categorie a statutului și a rolului în societate se află și divizia rolurilor pe sexe. Deși rolurile tradiționale ale sexelor în societate par să se piardă în vest, România păstrează încă o separare destul de evidentă. În casă, de exemplu, femeia gătește, face curat și are grijă de copii, în timp ce bărbatul lucrează ore lungi pentru un salariu de multe ori minuscul (prin comparație cu alte țări). În București, însă, în multe cazuri și soțiile lucrează pentru a putea acoperi costurile ridicate presupuse de închirierea sau menținerea unei locuințe. Acest lucru nu este întotdeauna așa, după cum am văzut în cazul familiei lui Samuel. Pe durata cursurilor de limbă română pe care soția lui Samuel ni le predă în apartamentul lor, Samuel este cel care are grijă de copii și se ocupă de treburile casei, spală hainele sau vasele. Însă, ideea cu care doresc să rămânem este că în România încă se păstrează o divizare a rolurilor pe sexe.

Credințe religioase

Conform Institutului Național de Statistică al României (2013) 86% dintre români sunt ortodocși. Să fii român, se spune, înseamnă să fii și ortodox, de aceea nu este nici o surpriză faptul că Samuel și familia lui sunt ortodocși. La finalul celor șase interviuri Samuel a fost foarte generos și mi-a împărtășit gândurile sale cu privire la starea ortodoxiei din România. A atins o serie de subiecte, printre care și modul în care aceasta este transmisă de la o generație la alta, receptivitatea românilor la idei religioase noi, și care membru al familiei este responsabil pentru conducerea familiei când vine vorba de probleme spirituale.

Deși este de acord cu faptul că mulți români nu sunt practicanți (iar bărbații români și mai puțin decât femeile), Samuel crede că este responsabilitatea părinților să îi învețe pe copiii lor credința lor. Samuel nu se consideră foarte practicant când vine vorba de religia ortodoxă, soția lui le spune uneori copiilor povești din Biblie și îi învață bine cunoscuta rugăciune „Tatăl nostru". Dacă părinții nu sunt religioși, Samuel crede că copiii vor fi cu atât mai puțin interesați să practice o religie. În cuvintele lui: „poate când ești tânăr nu vrei să ai de-a face cu religia și faci multe lucruri prin puterile tale, dar când îmbătrânești începi să te temi de ce se va întâmpla cu tine după moarte și știi că ai făcut multe păcate în viața ta și probabil apare această dorință de a te apropia de Dumnezeu, o relație, dacă vrei să-i zici așa, care va dura și pe mai departe." Există deci posibilitatea de a-l căuta pe Dumnezeu fie prin călăuzirea părintească, fie prin teama de moarte.

Când vine vorba de religie, Samuel crede că cel mai important element este să nu fie impusă. Fiind un om educat, Samuel crede că noile idei ar trebui prezentate și fiecare ar trebui să aibă dreptul să își formeze propria opinie cu privire la ele. De fapt, el spune că „părinții au obligația morală de a da mai departe credința lor și să-și ducă copiii la biserică și să vorbească despre Dumnezeu și să le citească povești." Deoarece, făcând așa le oferă copiilor un echilibru moral care îi poate ajuta pe viitor. Samuel este perfect conștient că copiii trebuie să fie în stare să răspundă la întrebări de bază cu privire la rolul lor în lume, întrebări precum „de ce m-am născut?" sau „ce să fac cu viața mea?" Pe scurt, credințele religioase sunt o necesitate și o realitate care ar trebui să fie permisă în societate și familie.

Concluzie

Analiza precedentă cu privire la organizarea socială din România este semnificativă pentru strategiile viitoare de plantare de biserici, în mod specific pentru București, în trei aspecte: evanghelismul în cadrul familie și a relațiilor din comunitate, evanghelismul care recunoaște importanța casei și evanghelismul care pune accentul pe idei noi și care nu este impus cu forța. În primul rând, acest studiu a căutat să demonstreze puterea legăturilor din familie și din comunitate. După cum am menționat deja de câteva ori, accentul pe care românii îl pun pe familie și prietenii nu poate fi subliniat suficient. Pentru Samuel, informatorul nostru cultural, familia este atât de importantă încât a refuzat promovări la locul de muncă și oportunități de a-și găsi un loc de muncă mai bine plătit în alte orașe sau țări, deoarece preocuparea lui principală este să ofere familiei lui o viață de calitate. Evangheliștii și plantatorii de biserici, deopotrivă, nu pot ignora modul în care persoanele care trec de la ortodoxie la un cult evanghelic vor fi privite de familie. De aceea, trebuie să ne punem întrebările dificile care privesc rușinea socială și economică pe care convertirea o poate aduce în cadrul unei familii ortodoxe. De aceea, orice tip de evanghelizare care se face printre români trebuie să aibă un plan care să integreze întreaga familie a unui posibil convertit și rețeaua lui de cunoștințe personale, fie printr-un grup de studiu biblic sau prin pregătirea noilor convertiți să folosească rețeaua de prieteni pe care o are pentru a răspândi Împărăția lui Dumnezeu.

În al doilea rând, efortul evanghelic trebuie să conștientizeze importanța casei. După cum am scris mai sus, apartamentul lui Samuel, deoarece acolo își petrec cel mai mult din timp soția și copiii lui, este arena centrală a lumii lui. Mai mult, casa este unul dintre lucrurile din viața lui Samuel de care el este cel mai mândru, deseori invitându-și vecinii și rudeniile la petreceri sau sărbători. Studiile biblice făcute în apartamente, deși nu sunt o normă în familiile creștin-ortodoxe din România, pot încuraja familiile românilor să vadă pe viu cum Biblia le poate afecta benefic viața zilnică. Bineînțeles, multe apartamente din România sunt mici, dar prea mulți oameni într-o singură sufragerie este probabil una din problemele bune pe care le poate avea un studiu biblic.

În al treilea rând, evanghelismul și plantarea de biserici în România trebuie să pună accentul pe deschidere și să nu se impună cu forța. În general, românii sunt sătui de învățături religioase care le sunt vârâte pe gât de către bătrâni sau preoți. Totuși, am auzit și români care se plângeau frustrați că Biblia este greu de înțeles pe cont propriu, perpetuând astfel ideea că doar preoții pot explica lucrurile spirituale. Acesta nu este cazul. Toți creștinii ar trebui să dorească și să poată explica sau preda adevărurile biblice (Matei 28:19-20).

Ascultarea trebuie învățată atât în bisericile evanghelice din România cât și în cercurile misionare, în special acele metode care cheamă la pocăință și ucenicie.

Este nevoie de multă muncă în domeniul antropologiei sociale și a misiologiei în contextul românesc. Din punct de vedere strict al cercetării, s-a făcut puțină lucrare misiologică care să caute să folosească opiniile românilor despre modul în care funcționează cultura lor și cum evanghelia le afectează familia și familia extinsă. Iar dintr-o perspectivă practică a misiunii, evanghelismul românesc este aproape identic cu cel american, o persoană română ortodoxă simțindu-se inconfortabil din clipa în care pășește într-o biserică evanghelică. Lingenfelter (1996) reamintește cititorilor că structurile sociale culturale sunt o realitate care poate fi bună sau rea, dar că pentru creștini există o alternativă divină, așa-zisă „a pelerinului", cu care ei trebuie să se obișnuiască: „non-conformitatea susținută" (pag. 232). Trăind în România și înțelegând structurile sociale în timp ce te confrunți cu problemele pe care acestea le ridică este o chemare înaltă pentru orice lucrător intercultural, totuși poți fi sigur că Acel care ți-a făcut chemarea este credincios.

CAPITOLUL DOI:

TIPARE ALE LEADERSHIP-ULUI ÎN ROMÂNIA ȘI IMPLICAȚIILE MISIOLOGICE ALE ACESTORA

În termeni de leadership, România este o țară ce evoluează rapid. De la revoluția din 1989, România s-a apropiat tot mai mult de modelele de leadership din Vest. Totuși, România încă este cu un picior ferm poziționat în tiparul de leadership foarte centralizat. Datorită statutului ei de țară novice în democrație pe scena internațională, națiunea română se aventurează cu precauție înainte spre un stil de leadership mai progresiv și democratic. Acest amestec de mentalități „vechi și noi" prezintă o oportunitate unică pentru studenții ce urmează cursuri de teorie a leadership-ului și managementului, de a identifica și interacționa cu provocările care se ridică în peisajul românesc al leadership-ului. Acest studiu va demonstra existența unui leadership autocratic bine înrădăcinat încă de pe vremea comunismului și în același timp o dorință tot mai acută de autonomie individuală care se află încă în faza de înmugurire.

În rândurile care urmează voi încerca să evidențiez tiparele de leadership curente din România. Experiența personală, mărturii și materiale publicate fac posibilă analizarea culturii române și identificarea unor modele primare; acestea includ leadership-ul local și național. Apoi, voi oferi o serie de implicații relevante pentru strategiile misionare și eforturile de plantare de biserici, dezvoltarea și creșterea de ucenici, dar și câteva implicații relevante pentru aspecte generale legate de educația misională.

Definirea leadership-ului

Leadership-ul este studiul liderilor și cum ei îi influențează pe ceilalți. În studiul ei intitulat „Leadership în România" (2006), Aioanei definește liderul și leadership-ul în modul următor:

> Liderul este o persoană ce ocupă o poziție de responsabilitate în coordonarea activităților membrilor unui grup cu scopul de a atinge un obiectiv comun. Liderii trebuie să își motiveze constituenții să facă ceva de bunăvoie. Liderii sunt cei care oferă credibilitate cuvintelor lor prin faptele lor. Leadership-ul nu este doar despre lideri, ci și despre cei care îi urmăresc pe aceștia pentru că ei fac posibilă atingerea unor obiective comune. O analiză corectă a leadership-ului include și situațiile, condițiile în care comportamentul liderului are efect (pag. 706).

Liderii sunt atât coordonatori ce lucrează din vârf spre bază, cât și mobilizatori ce lucrează din interiorul organizației pentru a pune în mișcare schimbarea și atingerea obiectivelor. Acest model ne ajută să înțelegem diversitatea leadership-ului, cu observația că un lider este credibil dacă cei care îl urmează răspund cerințelor lui și realităților specifice în care ei interacționează.

De asemenea, pentru a înțelege leadership-ul românesc este important să ne familiarizăm cu „modelul celor patru cadrane" prezentat de Bolman și Deal (2003). Cele patru tipuri de cadrane sunt: structurale (companiile structurate precum fabricile), bazate pe resurse umane (familia extinsă), politice (arena competitivă) și simbolice (teatrul). În această analiză pivot, Bolman și Deal explică cum majoritatea persoanelor în poziții executive tind să conducă doar dintr-un singur cadran, ceea ce le inhibă abilitatea de a reacționa la conflict și schimbare în cadrul locului de muncă. Deși, fiecare cadran are utilitatea lui, autorii insistă că liderii ar trebui să se folosească de toate patru. După cum vom vedea în continuare, liderii din România indiferent la ce nivel se află, conduc aproape în exclusivitate folosind cadranul structural sau cel politic. Mai întâi, cred că este important să avem o înțelegere din perspectivă istorică și culturală a leadership-ului din România.

Tipare ale leadership-ului din România

Cuibărită pe partea vestică a Mării Negre, România este singura țară din Europa de est care are la bază o cultură latină. Românii sunt mândri de istoria lor, deși de-a lungul timpului puteri străine au cucerit în mod regulat pământurile românilor. Datorită poziției geografice a României și a trecutului ei tulbure, există un amestec unic de influențe turcești, slave, germanice și mai recent, vestice. Aioanei (2006) susține: „blestemul cel mai mare din punct de vedere istoric al românilor este că se află pe un pământ de inevitabilă dominație și interferență permanentă a unor curente internaționale contradictorii" (pag. 707). Până la ocuparea comunistă ce a urmat celui de al doilea război mondial, România unificată era o monarhie (Djuvara 2014). Astăzi, România se află la aproape 30 de ani de la sângeroasa revoluție din decembrie 1989, conflictul național care s-a concluzionat după ce liderul-dictator Nicolae Ceaușescu și soția lui au fost prinși și executați. După aproape 60 de ani de socialism dur, România a început drumul anevoios spre democrație. Anevoios pentru că imediat după revoluție, foști lideri ai partidului comunist au preluat conducerea și, chiar dacă au avut loc alegeri libere în 1991, România post-comunistă a ales în mod constant lideri care au servit în poziții medii sau înalte în cadrul partidului comunist, înainte de 1989.

Deși România modernă, în special partea ei urbană, este caracterizată de o deschidere ferventă față de Vest, cultura încă păstrează ideea că modul cel mai bun prin care liderii își pot face treaba este printr-un sistem centralizat, autoritar. Lideri individuali care oferă limite stricte proiectelor se presupune că vor oferi cele mai eficiente rezultate și vor oferi cel mai bun tip de siguranță (Aioanei, 2006, pag. 708). Un astfel de raționament este rezultat al timpurilor în care România a fost monarhie, iar mai apoi dictatură, dar la care se pot adăuga și alți câțiva factori.

În fascinanta carte „*Age Cohort Effects, Gender, and Romanian Leadership Preferences*", scrisă de Fein, Tziner și Vasiliu (2010), este testată ipoteza conform căreia managerii din România, sub 35 de ani, sunt mai capabili să aibă un comportament individualist pe stil vestic, care se concentrează pe nevoile angajaților și nu pe proiectele la care aceștia lucrează. După ce au intervievat 324 de manageri români, atât bărbați cât și femei, cercetătorii au ajuns la concluzia că managerii tineri au tendința de a fi autocrați, concentrați pe rezultate, spre deosebire de managerii peste 35 de ani care lucraseră și în perioada comunistă (pag. 372-373). Din 1989, România a încheiat fiecare an fiscal în declin, iar „cei mai buni și mai strălucitori" români au emigrat în Vest. Se pare că există o presiune pe care managerii români tineri o simt, dacă speră ca economia țării să prospere.

Din nefericire, păstrarea modelului unui singur lider care deține cheile puterii creează un sistem în care corupția poate înflori. Adams (1975) notează: „Puterea este... derivată din controlul relativ al fiecărui actor pe care acesta îl are asupra elementelor mediului care îi afectează pe toți cei din jurul lui" (pag. 9-10). Puterea se ocupă cu influența de constrângere asupra energiilor altora. Totuși, când *puterea* îi privește atât pe lider, cât și pe cel care îl urmează pe lider, *controlul* este o relație uni-direcțională, de forță, care nu are reciprocitate (Adams, 1975, pag. 21-24). În peisajul românesc, realitatea puterii și a controlului este ilustrată zilnic pe o varietate de scene.

Un exemplu în ceea ce privește abuzul de putere și control printre liderii din România implică redistribuirea „pământurilor publice" după căderea comunismului. Verdery (2002) observă că guvernul României a dat o lege în 1991 ca să redistribuie pământurile (precum păduri sau ferme) care fuseseră colectivizate în 1959 (pag. 9).Planul era ca agenții locali să returneze pământurile sătenilor care puteau oferi „o dovadă clară" că acestea fuseseră în proprietatea familiilor lor înainte de 1959. De fapt, acest act a concentrat în mod legal o singură resursă pe care o dorea toată lumea în mâna unui comitet format din trei membri. Verdery (2002) prezintă cazul maiorului Lupu din județul Hunedoara care timp de un deceniu a distribuit proprietăți aliaților lui și a blocat în mod constant un moștenitor legitim să revendice terenurile familiei lui, fără să se teamă de vreo sancțiune. Printre alte măsuri ilegale pe care maiorul Lupu le-a luat se numără refuzarea de ștampilare a documentelor moștenitorului, amânarea timp de doi ani a inspectării proprietății cerându-i moștenitorului să obțină documente de la București, în timp ce primarul însuși locuia pe acele terenuri (pag. 12-16). Într-un caz similar, Sikor, Stahl și Dorondel (2008) detaliază tendințele de uz de forță ale primarului din satul Dragova, care se găsește undeva în regiunea Transilvaniei. Primarul, care este căsătorit cu proprietarul companiei forestiere din sat a oferit drepturi nelimitate și acces la păduri soției sale prin manipularea comisiei terenurilor care a micșorat suprafețele proprietăților personale în acte. Primarul din Dragova avea, în mod evident, mulți prieteni la putere în Parlament, dându-le sătenilor impresia că „dacă te pui cu el, te pui cu statul" (pag. 19-20). Folosind astfel de tactici să își întărească alianțele pe baza proprietăților și terenurilor, primarii români corupți și alți lideri politici ajung totuși să fie realeși din nou și din nou.

Mita, sechestrarea proprietăților și corupția sunt văzute ca produse structurale ale puterii centralizate din România. În excelentul capitol intitulat „Dezvoltarea instituțională și corupția în societate în sud-estul Europei", Șerban (2007) crede că localnicii din România nu au o definiție specifică pentru corupție și astfel ei nu își dau seama că își mituiesc oficialii (pag. 177). Deși corupția este răspândită în toată România, Șerban susține că anumite regiuni, cum este zona Banatului din vestul țării, se opune mai puternic corupției decât alte regiuni, precum Bucureștiul (pag.180). Un studiu detaliat al leadership-ului în România trebuie să analizeze subiectul ținând cont de specificul diverselor regiuni. De asemenea, o altă lentilă prin care Șerban sugerează să privim pentru a înțelege mai bine leadership-ul în România este cea pe care el o etichetează drept „rurbanizare", care este în fapt dialogul dintre obiceiurile culturale ale sătenilor obligați să se mute la oraș în perioada comunistă și orășenii care s-au mutat înapoi în satele de proveniență (pag. 180-181). Nivelul local de „rurbanizare" al liderilor, în special nivelul lor de educație în afaceri și implicare politică, va influența fără doar și poate regimul de conducere.

Având aceste teorii și experiențe în minte, este acum posibilă construirea unui model actual de leadership în România. Folosind gândurile exprimate de mai mulți cercetători de management români, voi explica conceptul unei conduceri centralizate în termeni de autoritate formală definită și identitatea unificată de grup. Voi concluziona apoi explicând cum modelul actual de leadership din România evoluează.

Rețea și grup

În cartea sa *Transformarea culturii*, autorul Sherwood Lingenfelter (1998) urmărește descoperirile altor antropologi culturali și ajunge să identifice ordinea socială folosind termenii *rețea* și *grup* (pag. 102). Lingenfelter notează:

> Folosim rețeaua pentru a descrie modurile diferite în care oamenii definesc locul și rolul unui individ într-un joc sau o activitate socială... folosim termenul grup pentru a descrie modurile diferite în care persoanele definesc identitatea și relațiile dintre membrii unei echipe, a familiei extinse sau a comunității (pag. 26-27).

Rețeaua se referă la cât de clar sunt definite rolurile sociale. Grupul explică cât de puternic este simțământul de identificare a membrilor ca o singură unitate. Culturile cu „rețele puternice" depind în mare măsură de lideri bine definiți. Culturile cu „grupuri puternice" depind de unitatea și scopul comun al membrilor grupului. Aceste concepte ne ajută să înțelegem tiparele de leadership din România.

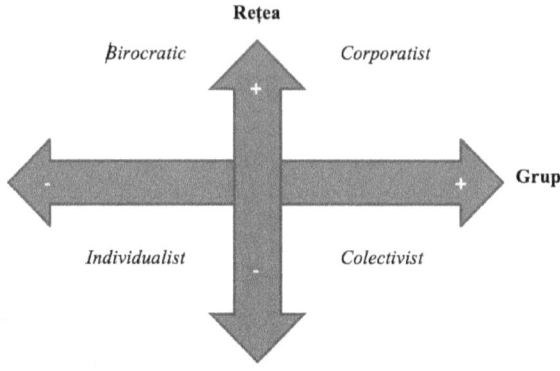

România este o cultură cu „rețea puternică", deși generația tânără încet-încet schimbă acest lucru. Ca un tot, răspunsurile și reacțiile sunt generate în contexte formale de acei români care dețin cele mai înalte titluri și au câștigat diplome *ad nauseum*. Când aceștia intră într-o ședință de afaceri există o ierarhie clară și este evident cine este șeful. Adesea, o astfel de întrunire este caracterizată de faptul că liderul vorbește cel mai mult și conduce discuția. De exemplu, când soția mea și cu mine am participat la prima noastră nuntă românească în calitate de invitați am fost așezați la aceeași masă cu pastorul asistent din biserica noastră. Deși pastorul asistent era și el doar un simplu invitat, ca și noi, deoarece poziția sa era recunoscută de toți de la masă, rolul de a genera și conduce discuțiile îi reveneau lui în mod automat.

Această distincție socială este reîntărită prin însăși construcția limbii române care păstrează moduri formale și informale de adresare. Dacă un roman folosește forme informale ale limbii când vorbește cu prieteni sau oameni mai tineri decât el, formele formale sunt întotdeauna utilizate când acesta se adresează unei persoane mai în vârstă sau unor persoane care dețin o poziție de autoritate în acel context. Completez cu un alt exemplu personal din timpul cursurilor pe care le predau în cadrul seminarului baptist din București. Deoarece unii dintre studenți nu știau limba engleză predam în română. Iar pentru unii dintre studenți, fiind mai în vârstă decât mine, foloseam un limbaj formal de adresare. Am fost surprins când aceeași studenți alegeau să mi se adreseze utilizând același vocabular formal. Mai târziu am realizat că poziția mea de profesor era suficientă pentru ca eu să primesc un tratament născut din mentalitatea de „rețea puternică".[2]

Cercetări publicate pe tema leadership-ului susțin aceste observații personale. Aioanei (2006) și o echipă de cercetători au făcut un sondaj printre 100 de oameni de afaceri români educați. Acestora li s-a cerut să răspundă la o serie de scenarii „lider-ucenic" pentru a determina care sunt dorințele românilor în materie de lideri ideali. Câteva din rezultatele sondajului s-au aliniat așteptărilor: managerii să nu implice subordonații în procesul de luare de decizii și să se ocupe de proiecte într-o manieră ce pune accentul pe proiect și nu pe oameni. Deși o majoritate decisivă a respondenților s-au arătat favorabili tacticilor

---

[2] Acest concept de utilizare a limbajului formal pare a fi însă specific doar pentru anumite regiuni. În partea vestică a României, cum este Timișoara, sau în alte localități unde influența vestică este puternică, pare că abordarea formală în cadrul diverselor context este ceva mai laxă.

autoritare în management, 45% preferă un stil mai democratic de leadership (pag. 710). Aioanei concluzionează că deşi datele indică o creştere a preferinţelor pentru un stil de leadership participativ, cultura românească încă nu este pregătită pentru o trecere de la un şef autocrat care să ia deciziile cu adevărat importante la un superior colegial care să conducă prin negocieri şi un stil democratic (pag. 711).

Spre deosebire de reţea, identitatea de *grup* nu este la fel de uşor de definit. La un nivel local, românii ţin cu ardoare la dedicarea lor faţă de relaţiile familiale şi nu le este ruşine să explice în detaliu mediul în care au fost crescuţi. Dacă nu ar fi vorba de educaţie sau motive ce ţin de un loc de muncă mai bun, românii nu ar considera mutarea într-un alt oraş unde să nu aibă nici o legătură de familie. La nivel naţional, neîncrederea în liderii politici îşi are rădăcina în anii comunismului, iar încercările de a strânge întregi comunităţi pentru a forma grupuri unite este dificilă. Constantin Pop şi Stoica-Constantin (2006) afirmă că strategiile de *team-building* sunt destul de rare în companii, de aceea sunt văzute de angajaţi ca insignifiante în comparaţie cu provocările financiare ale companiei („Manageri români şi managementul resurselor umane", pag. 761)

Datorită influenţelor vestice, a internetului, a programelor de televiziune în limba engleză şi a depărtării de trecutul comunist, românii sunt din ce în ce mai conştienţi de formele şi stilurile diferite de leadership. Românii mai tineri în mod special, deoarece nu au experimentat regimul comunist la prima mână, preferă modelele individualiste şi de aceea ei nu înţeleg mentalitatea concentrată pe grupuri a celor mai în vârstă.

Tinerii au un grad scăzut de patriotism, nu sunt atraşi de cultura românească şi de multe ori abia aşteaptă să studieze sau chiar să se mute în străinătate; această identitate de „grup slab unit" este în creştere. Chiar şi aşa, generaţia în vârstă este cea care deţine poziţiile de autoritate în societatea românească, iar acest fapt ne aduce mai aproape de concluzia că cele mai mari divizii de grup în cultura românească sunt între generaţia tânără şi cea în vârstă. Până când o nouă generaţie post-comunistă nu se maturizează, această diferenţă de vârstă se prea poate să fie cea mai mare provocare în direcţia unităţii poporului român.

În cuvintele lui Lingenfelter (1998), starea de ordine a României rămâne fixată într-un joc social *birocratic*, bazat pe o reţea puternică şi o identitate de grup slăbită, dar generaţiile următoare se îndreaptă gradual spre un construct *individualist*, bazat pe o reţea slăbită şi o identitate de grup slăbită (*Transformarea culturii*, pag. 31). Cât timp puterea este în tranziţie de la autocraţie la democraţie, liderii români vor dezbate în continuare care este cea mai eficientă metodă prin care pot avea impact în viaţa poporului. Într-adevăr, oscilarea constantă între unităţi ale puterii centralizate şi aceste coordonate este aşteptată în cadrul teoriei politice (Adams, 1975, pag. 300). Ceea ce este şi va fi în continuare o provocare pentru misionarii creştini este modul în care vor aplica observaţiile de mai sus la tiparele de leadership din România pentru a genera cel mai mare impact posibil. Deoarece impactul pe care misionarii intenționează să îl aibă este pentru cauza lui Hristos și nu pentru a acumula puterea, ne îndreptăm atenția exact spre acest aspect.

Implicații misiologice

Pentru început voi explica rolul meu ca misionar. Soția mea și cu mine slujim în București de mai bine de șase ani. Ca formare suntem plantatori de biserici, muncind să creăm grupuri mici de români interesați de studierea Bibliei care mai apoi vor face tranziția spre biserici Nou-Testamentare. [3] Organizația care ne-a delegat Bordul internațional de misiune (BIM) face parte din Convenția baptistă de sud. BIM este prezent în România de aproape 100 de ani, deși în perioada celui de-al doilea război mondial și în perioada comunistă slujirea misionară a fost limitată sever.

Plantarea de biserici în zona Bucureștiului progresează, chiar dacă o face mai încet decât în alte părți ale țării. Regiunile vestice și centrale ale României, considerate informal „Centura biblică a Europei de est" conțin cea mai mare densitate de evanghelici din România, în timp ce zona sud-estică, unde este localizat și Bucureștiul, are o prezență evanghelică mai mică de 1%. Conform hărții de mai jos, chiar dacă se bazează strict pe date legate de numărul

---

[3]Ca misionari baptiști, definim o biserică nou-testamentară ca un grup local de credincioși botezați care practică botezul, Cina Domnului, închinarea, învățăturile biblice și activități de evanghelizare (Hammett, 2005). Slujirea baptistă primește o atenție special în această lucrare.

evanghelicilor baptiști, se poate observa care este regiunea în care viitoarele eforturi de plantare de biserici trebuie catalizate.

Câteva biserici din România au prins viziunea multiplicării, iar altele sunt interesate să încerce noi strategii pentru a ajunge la cultura schimbătoare a oamenilor din București. Pastorul Cornel, fost președinte al Comunității baptiste din București, crede că motivul principal pentru care a fost ales să conducă asociația este dedicarea sa față de discuțiile relativ noi despre plantarea de biserici. Dacă pastorul Cornel are dreptate, există printre liderii Asociației baptiste din București o dorință pentru plantarea de mai multe biserici în oraș și în zonele înconjurătoare.

Sursa: "Baptiștii din România (2002)",
http://commons.wikimedia.org/wiki/File:Baptisti_Romania_%28 2010%29.png.

Astfel de discuții sănătoase semnalează câțiva factori promițători de care misionarii trebuie să ia seama. În primul rând, baptiștii din România încep să gândească în alți termeni strategia de a pune oamenii față în față cu Evanghelia pentru ca harta de mai sus să prindă mai multă culoare. În al doilea rând, unii pastori, în special cei mai tineri, încep să experimenteze cu metodologia grupurilor mici de casă care nu se aliniază cu standardul eclesiastic. În al treilea rând, identitatea misională la nivel de membru, bazată pe doctrina crucială a preoției credinciosului, începe să fie discutată printre pastorii tineri dincolo de limitele denominaționale. În continuare voi explica pe scurt fiecare dintre aceste elemente.

1. Gândind diferit. Într-un interviu, liderul și fostul președinte al Asociației baptiste din București, Cornel a confesat:

> Cu mult timp în urmă organizam întâlniri de evanghelizare și mulți oameni curioși veneau, dar acest lucru nu mai funcționează acum și nu mai este eficient. Acum doi ani am început să folosim un cort pentru întâlniri în aer liber, dar acum nu mai facem asta. Așa că, cu doar câteva luni în urmă am început să punem accentul pe ucenicia biblică în cadrul grupurilor mici de studiu biblic, cum făcea și Isus.

Slujirea misionară urbană trebuie, prin natura ei, să se schimbe odată cu vremurile. Pentru Cornel, „grupurile mici precum cele pe care le făcea Isus" au devenit modelul de urmat pentru răspândirea Evangheliei, nu pentru că sunt mai ușor de făcut decât întâlnirile în cort, ci pentru că accentul este pus pe ucenicie profundă care durează mai mult decât evenimentul în sine.

2. *Grupurile mici*. În timp ce biserica lui Cornel este la începutul experimentării cu grupuri mici, Bucureştiul are câteva biserici evanghelice tinere care au în ADN-ul lor grupurile mici. Ar fi înţelept ca încercările misionare viitoare să facă parteneriate cu aceşti pastori creativi care sunt dispuşi să gândească „înafara cutiei". Personal, cunosc zece biserici care au fost plantate cu această strategie în gând. Modelul grupurilor mici este nou în cultura românească care pune accentul pe împuternicirea unui singur lider care este detaşat de pastor; se pare că acest model funcţionează în bisericile în care majoritatea sunt membri tineri. Voi dezvolta acest concept în următoarea parte a eseului.

3. *Identitatea misională*. În ultimii câţiva ani, pastorii şi liderii creştini din România care fac parte din unele dintre cele mai inovatoare biserici din punct de vedere strategic se întâlnesc periodic pentru a se încuraja reciproc în căutarea de modalităţi de interacţiune cu oraşul. Am participat la două dintre întâlnirile lor şi este exaltant să vezi români preluând ideile altor gânditori misionari, din alte părţi ale globului, şi pornind de la ele îşi imaginează cum ar putea arăta acestea în contextul Bucureştiului. Acest grup inter-denominaţional demonstrează o dorinţă arzătoare în bisericile evanghelice din Bucureşti, în mod special printre baptişti şi creştini după Evanghelie, pentru ca biserica să îşi adapteze structura şi strategia

odată cu timpurile. Totuși, trebuie tras un semn de alarmă aici, când se marșează pentru o schimbare rapidă: toate lucrurile trebuie trecute prin filtrul biblic. Complet absentă din discuțiile la care am participat este lupta uzuală cu textele biblice *înainte* de lupta cu modelele misiologice și limbajul pompos. De aceea, concluzia mea este că aceste eforturi proaspete de a ajunge cu evanghelia în orașe sunt sănătoase, iar misionarii încă pot juca un rol important în înaintarea Împărăției prin reproducerea modelelor care se regăsesc clar în Scripturi și prin încurajarea creștinilor să interacționeze cu lumea pierdută din jurul lor. Observația mea este că rolul misionarului modern în București este să fie un exemplu de dedicare autentică și ascultare totală de Cuvântul lui Dumnezeu, demonstrat prin mărturia lui ca ucenic biblic, care își asumă riscuri fără să îi fie rușine de cine este, pentru a se asigura că liderii bisericilor cărora le oferă mentorat sau alături de care slujește nu ajung să se mulțumească cu *standardul actual*.[4] În acest scop am lucrat îndeaproape cu liderul meu de echipă pentru a încerca să articulez scopurile misionare și strategia de răspândire a evangheliei în București.

Folosind concluziile oferite în secțiunea anterioară acestei analize și anume că leadership-ul din România tinde spre un scenariu birocratic, prezint următoarele diagrame ca posibile modele în lucrare. Prima

---

[4]Într-adevăr, rolului misionarului ar trebui să fie același în toate domeniile în care există biserici, instituții, uniuni stabilite.

ilustrează tendințele actuale din bisericile din România, iar cea de-a doua reflectă o posibilă structură a ceea ce credem că va fi plantarea biblică de biserici din România. Fiecare diagramă va fi discutată pe scurt.

Diagrama 1. Modelul obișnuit de conducere a bisericii baptiste din România

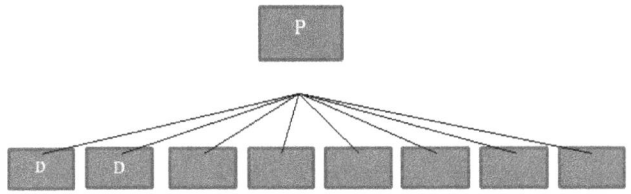

Prima diagramă este reprezentativă pentru biserica baptistă din România, care în mod uzual are unul sau doi păstori (P) și unul sau doi diaconi voluntari (D) care slujesc în diverse roluri administrative. După cum se poate observa în diagramă, păstorul deține controlul; toate deciziile de slujire pornesc de la el către ceilalți. Nu prea este loc pentru individualism între membrii bisericii, iar păstorul nu prea are în fața cui să fie răspunzător. De aceea, de fiecare dată când membrii bisericii au idei individuale de răspândire a evangheliei, pastorul trebuie să fie de acord cu ele în mod deschis și el trebuie să preia conducerea acestor inițiative.

Acesta este modelul liderului unic, iar pastorii, de cele mai multe ori, ajung să creadă că doar ei pot fi lideri (excepție făcând, poate, unii dintre diaconi), doar ei îi pot pregăti pe alții, doar ei pot conduce lucrarea de evanghelizare. Bineînțeles, toate aceste responsabilități sunt mult prea mari să fie puse doar pe umerii unei singure persoane, de aceea, păstorii baptiști din România sunt în general bărbați extenuați, care cred cu tărie că Dumnezeu i-a chemat să facă toate aceste lucruri. Deoarece un păstor are și el limitele lui, ucenicia unul la unul, care s-ar putea face de la membru la membru are de suferit. În timp ce modelul de leadership din biserică reflectă preferința românilor pentru o „rețea puternică", pentru structuri și claritate în privința persoanei care are funcția de conducere (Aioanei, 2006, pag. 708), el demonstrează și tendința de „grup slăbit" prin faptul că nu împuternicește membrii pentru a deveni uniți (Constantin, Pop, & Stoica-Constantin, 2006, p.761).

Nu mai este deci nevoie să menționez că modelul bisericilor din România cu un singur pastor nu este sănătos sau eficient. Fără a veni în apărarea modelului liderului unic, trebuie totuși să fac câteva observații. Pastorii *ar trebui* să fie recunoscuți și ascultați din poziția de lideri de drept ai bisericii (Evrei 14:17; 1 Tim. 5:17). Pastorii *ar trebui* să fie onorați și urmați pe baza calificărilor lor ca lideri, având un comportament fără pată (1 Tim. 3:1-7; Tit 1:5-9). Pastorii *ar trebui* să fie stimați pentru capacitatea lor de a-i învăța pe alții Cuvântului lui Dumnezeu de la amvon în funcția de predicator, iar în afara bisericii din funcția de evanghelist (Tit. 1:9; 2 Tim. 4:2,5).

Pe de altă parte există cel puțin două deficiențe care se regăsesc într-un model al bisericii care se bazează pe pastor ca unic lider. Una dintre aceste deficiențe este în directă legătură cu pastorul, iar cealaltă cu rolul de membru. În primul rând, pastorii care slujesc ca lideri unici pot fi ispitiți să conducă biserica precum un director executiv de companie care nu dă socoteală în fața nimănui (Hammett, 2005, pag. 153). Astfel de ispite apar datorită lipsei de responsabilizare, care poate fi uneori oferită de pastorii altor biserici, dar de care membrii bisericii să nu știe nimic. În al doilea rând, membrii bisericii pot fi ispitiți să renunțe la îndatoririle lor în răspândirea evangheliei bazându-se pe activitățile de evanghelizare ale bisericii. Când un singur pastor are rolul de a-i motiva și disciplina pe toți, creștinii se pot vedea, în mod fals bineînțeles, ca niște „simpli membrii ai bisericii", fără vreo importanță în ochii lui Dumnezeu.

Diagrama 2. Model de multiplicare a bisericii prin intermediul grupurilor mici

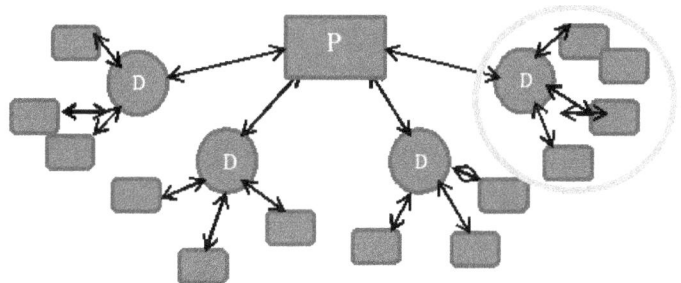

Am denumit acest al doilea model drept model de multiplicare al bisericii pe baza grupurilor mici. După cum se poate observa în diagrama 2 de mai sus, pastorul (P) este conectat îndeaproape cu liderii grupurilor mici care slujesc, de asemenea, ca diaconi (D) prin faptul că ajută echipa pastorală în slujire și evanghelizare (Fapte 6:1-7). Relația lor slăbește sau se întărește în funcție de cât de multă responsabilizare și ucenicie există între cele două grupuri. După cum se poate vedea, săgețile merg în ambele direcții.

Având multiplicarea ca scop, grupurile mici trebuie să fie gata să se împartă pentru a forma noi grupuri în clipa în care numărul persoanelor dintr-un grup a atins o anumită limită. Această limită este determinată de o serie de factori care includ sfatul pastorului, spațiul în care se întâlnesc și hegemonia generală a grupului. Mai mult, după ce un grup mic se multiplică de mai multe ori, pastorii trebuie să ia în considerare multiplicare bisericii. În acest caz, diaconul (D) va face tranziția spre rolul de pastor (P), iar întregul proces o ia de la capăt.

Această metodă este întărită sau slăbită de responsabilizarea și încrederea dintre pastor și liderii/diaconii grupurilor mici (Evrei 10:24-25). Datorită faptului că românii se bazează pe titluri specifice și indicații care vin direct de la lider, se recomandă ca pastorul să se întâlnească cu liderii grupurilor mici cel puțin o data la două săptămâni pentru încurajare mutuală, ucenicie și pregătire teologică. De asemenea, a doua generație de lideri de grupuri mici ar trebui să se întâlnească cu liderul primei generații de plantatori și tot așa mai departe. Este esențial ca fiecare membru din biserică să poată urmări linia puterii de la liderul lui de grup până la pastor. Comunicarea constantă și sinceră între pastor și liderii bisericii ar trebui să asigure o învățătură solidă pe care fiecare membru a grupului mic să o cunoască, fără urmă de îndoială, iar pastorul ar trebui să aibă cunoștință de cauză și să-și fi dat acordul asupra metodelor grupului. Mai mult, pastorii care utilizează strategia de multiplicare prin grupuri mici sunt sfătuiți să viziteze personal grupurile o dată pe semestru pentru a oferi o demonstrație publică a faptului că liderul principal al bisericii este de acord cu grupul de casă.

Tranziția unei biserici evanghelice din România spre cel de-al doilea model nu este ușoară și poate dura ani de zile. Chiar și bisericile mai tinere, precum cea pe care o frecventez și a cărei viziune se aliniază foarte bine cu această direcție, sunt pline de creștini care au crescut în biserici evanghelice cu un stil mai tradițional. La această intersecție specifică am observat că un misionar evanghelic este cel mai eficient. Sunt cel puțin cinci elemente care trebuie evidențiate, fiecare dintre acestea construind pe cel dinaintea lui. (1) Misionarii trebuie să îi îndrume pe pastori astfel încât aceștia să fie capabili să renunțe la controlarea tuturor detaliilor din viața bisericii, indiferent cât de mare este numărul membrilor.

Renunțarea la controlul total al pastorului este o problemă controversată peste tot în lume, iar acest lucru se poate observa și în cultura de „rețea puternică" din România. (2) Misionarii trebuie să creeze contexte în grupuri mici de discuție în care liderul să nu fie singurul care vorbește. Pastorii și liderii de grupuri mici sunt de cele mai multe ori predicatori talentați, dar trebuie să existe o acceptare generală a faptului că grupul mic are scopul de a amplifica ucenicia individuală și nu este locul potrivit pentru expunerea predicilor. (3) Misionarii trebuie să ia în serios evanghelizarea şi ucenicia insistând ca ucenicii lor să facă alţi ucenici. Cel mai eficient model de ucenicie este, bineînţeles, cel al Domnului Isus, care şi-a luat ucenicii cu El arătându-le cum să facă evanghelizare, iar apoi i-a trimis să facă ce a făcut şi El. (4) Misionarii trebuie să ţină minte că uneltele pe care le folosesc în studierea Bibliei trebuie să fie suficient de simple ca să fie replicate de creştinii care nu au pregătire de seminar şi care nu au la dispoziţie ore întregi destinate studiului personal. Simplificarea duce la multiplicare. Membrii grupurilor mici trebuie să vadă că liderul lor îi învaţă din Biblie, pentru ca în momentele în care este singur şi trece prin dificultăţi să ştie că trebuie să se apropie de Cuvântul lui Dumnezeu, nu de un comentariu. (5) Misionarii trebuie să demonstreze zi de zi o dedicare profundă puterii rugăciunii şi comuniunii individuale cu Domnul. Membrii grupurilor mici vor reacţiona şi vor reflecta în viaţa lor, într-un mod negativ sau pozitiv, nivelul de nevoie spirituală a liderului lor de grup.

Până când membrii bisericii vor fi molipsiţi de viziunea grupurilor mici, acestea vor rămâne grupuri *mici*. Concluzia de mai sus, cu privire la identitatea de grup a românilor este în cea mai mare parte bazată pe un joc social de *grup slăbit*, în care românii apreciază libertatea de a nu participa la întâlnirile de grup. Dar asta nu înseamnă că liderii de grup ar trebui să fie descurajaţi, sau că acest model ar trebui aruncat la gunoi, deoarece el este un model biblic bazat pe responsabilizare mutuală, încurajare şi ucenicie (Fapte 2:46; Evrei 10:24-25). Trebuie să ţinem minte că

Dumnezeu face ca lucrurile să crească, că El este mereu la lucru și că dacă El decide să crească numărul oamenilor din grup este pentru gloria Lui, nu a noastră (1 Cor. 3:7). Totuși, în același timp, pastorii și liderii din bisericile care se bazează pe modelul grupurilor mici trebuie să își prezinte viziunea din nou și din nou, amintind membrilor bisericii că grupurile *nu* sunt o opțiune „extra sau pentru ocazii speciale", ci sunt esențiale pentru ei. Chiar și dacă grupurile mici rămân *grupuri mici*, cu participanți puțini, pentru o perioadă, nu există niciun motiv de teamă. Însă, sunt motive de laudă. Familii care vin împreună și se bucură în casa cuiva, care se roagă una pentru alta, care își vorbesc în adevăr și care se mențin responsabilizate una față de alta ilustrează într-un mod minunat creștinismul practic care curând îi va face pe vecini să fie curioși de ce se întâmplă și poate chiar să își dorească să participe.

Concluzie

Lingenfelter (1998) susține într-un mod pătrunzător următoarele: cultura nu este neutră, ci în fapt ea este „o închisoare a neascultării" din care, creștinii trebuie să îi ajute pe alții să evadeze, umblând în schimb după „principiul pelerinului" (pag. 15-16). „Principiul pelerinului" se bazează pe contextualizare biblică și un joc social care se îndreaptă spre centrul graficului ce ilustrează tendința de grup. De aceea, creștinii nu ar trebui să caute să se separe de cultură, nici să rămână fixați într-unul dintre cele patru cadrane (pag. 174). Pelerinul trebuie să aleagă un drum mai înalt: „drumul crucii" (pag. 172).

Pentru misionarul străin, aceste cuvinte ating inima problemei. Stresul de a te trezi în fiecare dimineață în mijlocul unei culturi al cărui joc social în ceea ce privește leadership-ul este straniu, provoacă o stare de neliniște. Mai specific, România are o cultură *cu „rețea puternică"* care pune valoare pe superioritatea neechivocă pe care nu o voi înțelege pe deplin niciodată. De asemenea, România are și o cultură de *grup slăbit,* care prin natura ei are prea puțin interes față de identitatea de grup și preferă, în schimb, dezlegarea de obligații personale.[5] Aceste tendințe culturale regăsite în stilul de conducere nu sunt specifice misionarilor interculturali din vest, asemenea mie, ceea ce generează, ca regulă, disconfort. Pelerinii însă nu se simt acasă nici în cultura românească, nici în cea vestică.

Rolul misionarilor în România este același ca peste tot în lume. Cu fețele îndreptate spre scopul divin de a face ucenici care la rândul lor să facă ucenici, misionarii trebuie să colaboreze cu liderii bisericilor ca împreună să aducă scânteia care aprinde visul unei națiuni formată din creștini energici, plini de Duhul Sfânt. Un sondaj cu privire la practicile baptiste din România relevă faptul că biserica tradițională baptistă este modelată după un lider unic care, de cele mai

---

[5] Acestea fiind spuse, există totuși o variabilă pozitivă bazată pe context a culturii cu o rețea ridicată și un sentiment de grup scăzut. Diferența de vârstă (bătrâni versus tineri), mediul local (oraș versus sat) și legăturile religioase (ortodox versus evanghelic) vor influența negreșit aceste observații generale.

multe ori, este sufocat de multitudinea lucrurilor pe care le are de făcut și de multitudinea ucenicilor. Modelul sugerat în această lucrare se îndreaptă spre un sistem eclesiastic bazat pe responsabilizare individuală, ucenicie, împuternicirea liderilor de grup mic și o multiplicare intenționată a grupurilor mici, care mai apoi să formeze biserici autonome.

Istoria de un secol a lucrărilor misionare realizate de americani în colaborare cu bisericile baptiste din România este atât cu bucurii, cât și cu întristări – bucurii descoperite în parteneriatele de lungă durată și slujirile începute împreună, întristări regăsite în adâncurile tulburi ale dependenței de bani din vest, în special după căderea comunismului. O înțelegere autentică a tiparelor de conducere din România poate fi esența unei noi discuții cu privire la viitorul scopurilor misionare din România. Acesta este și rolul acestei investigații.

Cameron D. Armstrong

CAPITOLUL TREI:

NEGOCIEREA IDENTITĂȚII ROMÂNO-AMERICANE: UN STUDIU DE CAZ ÎN COMUNICAREA INTERCULTURALĂ

De la căderea comunismului, în 1989, românii s-au luptat cu conceptul de identitate atât la nivel personal, cât și la nivel național. Deschiderea acestei țări față de vest este văzută aproape în mod universal ca un lucru bun, în special printre tinerii care nu au crescut sub regimul comunist. Totuși, o schimbare culturală atât de rapidă implică, în mod invariabil, formarea unei noi identități culturale, o conștientizare care este cunoscută în terminologia comunicării interculturale drept „negocierea identității" (Ting-Toomey, 2005). Ca misionar evanghelic american care slujește în România, am observat cum românii care au petrecut mult timp alături de americani își „negociază" un al treilea tip de identitate. Am să numesc această realitate fascinantă „identitate româno-americană". Ea poate fi înțeleasă cel mai bine din analiza unei conversații pe care am avut-o cu Adrian, un prieten român.

În cele ce urmează voi explica în primul rând teoria negocierii identității, făcând referire și la teoria acomodării interculturale. Apoi, voi nota câteva gânduri cu privire la direcția în care se îndreaptă valorile românilor. Iar în cele din urmă, discuția se va îndrepta spre o analiză a modului în care prietenul meu Adrian folosește tehnicile de comunicare în negocierea unei noi identități.

Teoria negocierii identității

Ting-Toomey (2005) definește identitatea drept „meditare asupra concepției sinelui sau a imaginii de sine" (pag. 212). Bazându-se pe valorile învățate acasă, în mod special în primii ani de viață, indivizii își dezvoltă o imagine personală a modului în care bărbații și femeile trebuie să se comporte sau să gândească în cultura lor. Un exemplu la îndemână din cultura americană este pătura albastră în care sunt înfășurați copiii la naștere dacă sunt băieți, reiterând ideea că albastrul este „culoarea băieților". Fetițele nou-născute sunt înfășurate de cele mai multe ori în pături de culoare roz. În urmă cu câțiva ani, când fratele meu a decis să poarte la școală o cămașă roz, familia și prietenii s-au agitat imediat: de ce se împotrivește normelor societale acceptate? Crizele de identitate, de scurtă sau lungă durată, sunt rezultatul unor astfel de tranzacții.

Cu toate acestea, crizele de identitate nu sunt intrinsec rele și nu ar trebui să fie de temut. Conflictul de identitate apare când normele unei persoane sunt puse în discuție, în special când două sau mai multe culturi ajung să interacționeze. Ting-Toomey și Oetzel (2001) notează că fiecare cultură are propriul ei „script de conflict" în ceea ce privește cel mai bun mod în care pot fi rezolvate din feritele așteptări dintr-o anumită situație. Iar când actorii nu au citit scriptul se nasc frustrările (pag. 11). Cercetarea culturală și analiza asistă actorii în învățarea celor mai bune moduri în care să comunice între ei. Scopul, dezvoltă autorii, este atât schimbarea de informații cu succes, cât și prezentarea unui nivel corespunzător de afirmare și respect. Astfel, ambele părți pot recunoaște și valorifica „fațada", un termen pe care teoreticienii îl folosesc ca să descrie „înțelegerea valorii dorite a sinelui" a unei persoane.

Ting-Toomey (2005) prevede, pe bună dreptate, două extreme cu care s-ar putea confrunta un comunicator intercultural pus față în față cu o criză de identitate. Prima extremă: comunicatorul poate ține mult prea tare la cultura gazdă privind-o drept standardul ultim după care să judece valorile culturale. Astfel de sentimente conduc la un etnocentrism explicit sau insinuat. Capătul opus al spectrului implică o îmbrățișare totală a culturii gazdă, renunțând complet la identitate. Nici această abordare nu este de dorit, deși, deoarece nimeni nu poate renunța total la predilecțiile culturale, se poate ajunge, conform lui Ting-Toomey (2005), la experimentarea unui „haos identitar" (pag. 222). Din moment ce nici unul dintre aceste două opțiuni ale spectrului nu sunt optime, comunicatorul intercultural trebuie să găsească un echilibru între cele două prin negocierea identității.

Găsirea unui echilibru în stilul de comunicare face parte din teoria de acomodare. Această teorie socio-lingvistică declară că două părți aflate în conversație „vor împrumuta una de la cealaltă caracteristici de vorbire, dacă și când vor vrea să îmbunătățească eficiența comunicării și/sau să ridice nivelul de atracție socială" (Coupland, 2008, pag. 268). Astfel, este în interesul ambelor părți, sau cel puțin a uneia, să aibă un act discursiv de succes. Totuși, teoria acomodării merge un pas mai departe decât cea a negocierii identității susținând că tensiunea identității va rezulta, cel puțin în parte, din suprimarea unui stil de comunicare în favoarea altuia. Discursul și comunicarea devin, în perspectiva teoreticienilor precum Coupland (2008), un joc de strategie dialectică și consecințe sociale (pag. 269). Actorii conversației caută să se auto-împuternicească prin cuvintele pe care aleg să le folosească și prin stilul de comunicare utilizat, compensând pentru o posibilă inferioritate. De exemplu, un student doctorand din sudul Statelor Unite care vorbește cu un coleg al său din nordul Statelor Unite poate alege să renunțe la accentul său regional și să folosească cuvinte mai complexe pentru a se distanța de stereotipul de „băiat sau fată de la țară, fără educație". Făcând asta, studentul încearcă să crească în ochii interlocutorului său. Totuși, nu este suficient ca studentul să își exprime superioritatea dacă se dorește o comunicare de succes. Unele aspecte ale identității trebuie puse deoparte pentru ca identitățile ambilor interlocutori să fie negociate; astfel, discursurile trebuie „să se ajusteze".

Prezentarea pe care tocmai am făcut-o teoriilor negocierii și acomodării, fie ea sumară, are rolul să ne aducă aminte că scopul comunicării interculturale nu trebuie separat de relațiile interculturale. Într-adevăr, dezvoltarea relațiilor și păstrarea unor rețele de încredere sunt, de multe ori, la fel de importante în actul de comunicare intercultural precum atingerea scopurilor informative (Salacuse, 2010). Acest lucru este adevărat și în cultura românească, unde statutul, realizările personale și apropierea de o conversație în mod corect, sunt de așteptat într-o relație, chiar și de prietenie. Studiul se îndreaptă, în continuare, spre exact acest aspect al valorilor culturale românești.

Direcțiile valorilor românești

După cum a fost menționat mai sus, România a devenit o democrație în 1989. Înainte de această dată, România a fost o dictatură comunistă (1947-1989). Istoria amară a comunismului este o realitate prin care românii încă navighează, în special cei care s-au maturizat în perioada comunistă. Arhivele istorice desecretizate recent aduc la suprafață noi informații an de an, reamintindu-le românilor de un trecut pe care nu doresc să-l mai retrăiască vreodată. Un istoric român deplânge situația românilor din perioada comunistă: „Cea mai tragică consecință a acelei jumătăți de secol este că ne-a distrus *sufletul*" (Djuvara, 2014, pag. 342, emfaza autorului). Deși au trecut deja 30 de ani de la sângeroasa revoluție care a pus capăt comunismului, drumul spre o democrație adevărată implică o schimbare fundamentală de viziune asupra lumii, proces care e departe de a fi definitivat.

Intrarea recentă a României în Uniunea Europeană promite o eră de globalizare intensivă care afectează valorile națiunii. Totuși, există câteva direcții de valori, specifice României, care merită atenția noastră. Centrul

Hofstede a publicat următorul grafic în care se compară direcțiile de valori ale americanilor și ale românilor.

Figura 1. Direcțiile de valori ale Statelor Unite, comparate cu cele ale României.

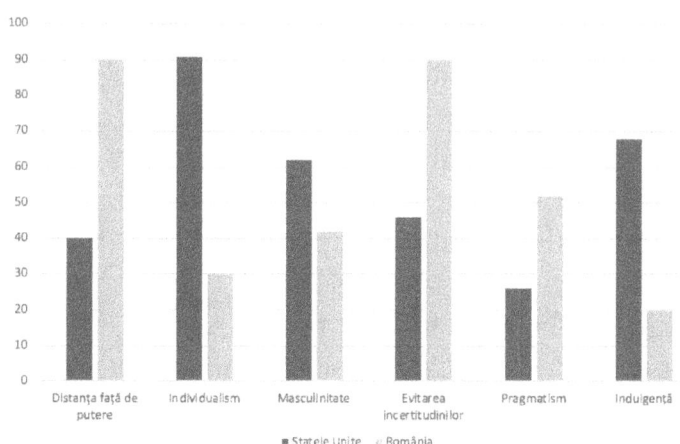

Sursa: Centrul Hofstede. Statele Unite în comparație cu România. Preluat de pehttp://geert-hofstede.com/united-states.html (accesat pe 4 decembrie 2017).

Cele trei direcții de valori cu cea mai mare disparitate vor fi menționate pe scurt. Acestea sunt: distanța față de putere, individualismul și evitarea incertitudinilor, iar în continuare le vom examina pe fiecare în parte. Mai mult, conceptele derivate din aceste direcții vor fi de ajutor în analizarea conversației mele cu Adrian.

Distanța față de putere se referă la gradul în care indivizii și organizațiile acceptă diferențele de statut, în special din perspectiva membrilor cu un statut scăzut

(Hofstede et. al., 2010). Culturile cu o distanță mare față de putere acceptă inegalitatea ca un fapt ce nu poate fi evitat, pe când culturile cu o distanță față de putere scăzută preferă egalitarismul (pag. 61). În graficul lui Hofstede de mai sus, România are un scor ridicat pe axa distanței față de putere. Asta înseamnă că românii sunt, în general, confortabili cu inegalitatea dintre membrii societății. Recunoașterea specială este arătată indivizilor care obțin diplome, titluri multiple sau celor în vârstă. Limba română consolidează această mentalitate prin forma verbelor ce denotă statut sau vârstă. Discuțiile obișnuite perpetuează rolul distanței față de putere în cultura română.

În țări cu distanță față de putere scăzută, precum sunt Statele Unite, ideea unei ierarhii societale este arhaică și de neacceptat. Diferențele tradiționale dintre părinte și copil, profesor și student sau persoană oficială și cetățean trebuie egalizate cât de mult posibil (Hofstede et. al., 2010, pag. 72). De exemplu, în Statele Unite, copiii îi strigă pe adulți după numele mic, demonstrând un grad de egalitate relațională care pare neobișnuit și lipsit de respect pentru membrii culturilor cu o distanță mare față de putere.

Evident, vor exista tensiuni în momentul în care o persoană dintr-o cultură cu distanță scăzută față de putere este imersată într-o cultură cu distanță mare față de putere. Asta îmi amintește de o experiență pe care am avut-o la Institutul baptist din București, anul trecut, ca profesor înlocuitor. Deși abilitățile mele de comunicare în limba română nu erau dintre cele mai bune la acel moment și eram mai tânăr decât câțiva dintre studenții de la curs, am fost surprins că studenții continuau să mi se adreseze folosind formalități verbale. Reacția mea inițială a fost să minimizez distanța față de putere folosind forme mai personale de adresare, dar mi-am dat seama repede că acest lucru nu avea să altereze stilul lor de comunicare. Bineînțeles, pentru români acest tip de limbaj era doar o formă de respect. Funcția mea de profesor, chiar dacă fusese pentru două ore, solidificase distanța de putere din încăpere.

Cea de-a doua direcție de valori pe care trebuie să o înțelegem este gradul de individualism al culturii. În culturile individualiste, interesele personale sunt considerate a fi mai presus de cele ale grupului. Pe de altă parte, culturile colectiviste văd interesele de grup mai importante decât cele ale individului (Hofstede et. al., 2010, pag. 90-91). România este pe locurile din urmă pe scara individualismului, demonstrând că există o tendință în cultura românească de a gândi și acționa ca grup. Legăturile sociale sunt puternice în societățile colectiviste, dar slabe în cele individualiste (pag. 92). La capătul opus al spectrului individualismului se află Statele Unite. Aflându-se pe o poziție fruntașă pe scara individualismului, americanii tind să pună accent pe eficiența personală, autonomie și luarea de decizii.

Românii au într-adevăr o dedicare ridicată față de grupul apropiat de prieteni și de cel al familiei. De exemplu, într-o conversație cu o tânără ce își dorea să se mute într-o altă parte a României, când am întrebat-o de ce nu a înaintat cu planul ei căutându-și o școală sau un loc de muncă în acea zonă, ea mi-a răspuns politicos: „nu pot să merg; nu am pe nimeni acolo." Ca american, a cărui familie extinsă a locuit mereu la câteva ore distanță, această declarație m-a șocat. Spre deosebire de prietena aceasta, eu mereu am fost învățat că drumul spre succes înseamnă să îți urmezi visurile oriunde te duc acestea.

A treia direcție de valori care joacă un rol important în cultura românească și este evidentă din compararea ei cu cea americană este evitarea nesiguranței. Aceasta se referă la abilitatea unei culturi de a tolera riscul și ambiguitatea și nevoia ei pentru o structură (Hofstede et. al., 2010, 208). Un grad ridicat de evitare a nesiguranței și ambiguității va avea ca rezultat mai multe legi, birocrație și regulații. România, după cum s-a menționat mai sus, are un scor mare și în această direcție. De exemplu, procesul de obținere a rezidenței implică multiple documente semnate, trimise și primite de la câteva instituții guvernamentale și non-guvernamentale. Din păcate, procesul de obținere și oferirea de dovezi pentru astfel de documente poate dura luni de zile și poate da bătăi mari de cap expaților.

Dacă România este destul de sus în grafic, SUA este undeva pe la mijloc. Ceea ce înseamnă că americanii au o aversiune mai scăzută față de luarea de riscuri când nu sunt limite vizibile, spre deosebire de români. Totuși există o apreciere clară pentru regulile existente. Cu alte cuvinte, ispita de a păși într-un teritoriu necunoscut este mai mare în cultura din Statele Unite decât cea din România.

Cele trei direcții de valori: distanța față de putere, individualismul și evitarea incertitudinilor diferențiază în mod clar cultura din România față de cea din Statele Unite, dar ar fi inexact să spunem că graficul analizat îi reprezintă cu acuratețe și categoric pe toți românii sau pe toți americanii. Diferențe între români și americani pot apărea datorită vârstei, educației, regiunii sau experiențelor interculturale. Din acest motiv este mai bine să vorbim despre aceste direcții în termeni ce țin de tendințe tradiționale și să nu le considerăm trăsături dominante. Există o indicație documentată că în România angajații mai tineri sunt din ce în ce mai deschiși spre un stil vestic cu o distanță scăzută față de putere în ceea ce privește managementul și responsabilitatea individuală (Aioanei, 2006). Vremurile se schimbă într-adevăr în România.

Deschiderea României spre idealurile vestice s-a făcut în special prin media și reprezintă un alt locus al schimbării culturale. Hofstede (2010) susține că membrii societăților colectiviste cu acces la internet au tendința de a acționa în numele lor mai mult decât cele care nu au acces (pag. 124). Această idee rezonează foarte bine cu cultura românească, o mare parte din românii mai tineri având acces la internet de mare viteză ceea ce le oferă o fereastră deschisă spre vest. Toate aceste elemente vor fi observate și tratate în cea de-a doua parte a acestui studiu în cadrul analizei conversației pe care am avut-o cu Adrian, un prieten român.

Analiza conversației

Adrian este pastor asistent la una dintre cele mai mari biserici din București. La vârsta de 25 de ani el este și antreprenor. Are un magazin mic de reparații ceasuri în inima Bucureștiului. Adrian nu este născut în București. El s-a mutat în capitală cu câțiva ani în urmă pentru a face facultatea de teologie din cadrul Institutului baptist, după care a făcut și un masterat la același institut. Adrian a devenit creștin în liceu și curând după aceea a început să traducă pentru misionari nord-americani și echipele de misiune pe scurtă durată. În total, Adrian are mai bine de zece ani de experiență în colaborarea cu evangheliștii americani. Acest fapt este evident în conversația pe care am avut-o pe Skype, a cărei transcriere am inclus-o în anexa A. Adrian vorbește fluent engleză, citește des cărți în limba engleză și ascultă podcast-uri (emisiuni audio online, n. t.) în engleză. În cele ce urmează voi analiza modul în care Adrian își negociază identitatea româno-americană prin prisma teoriilor expuse mai sus, folosind tehnici de pragmatism intercultural.

Comunicarea în România se desfășoară de obicei fie într-un context formal, fie într-unul informal, ceea ce înseamnă că înțelegerea culturii românești este de ajutor, dar nu necesară pentru a putea comunica. Conversația pe care am avut-o cu Adrian este în mare parte într-un context informal deoarece eu nu am mai fost în România din luna iulie, iar el îmi oferă o recapitulare a lucrurilor care s-au întâmplat cât timp am fost plecat. Datorită familiarității pe care Adrian o are atât cu soția mea, Jessica (ea fiind cea care a înregistrat această conversație), cât și cu mine, discuția este una relaxată, nepretențioasă. Am petrecut multe ore împreună cu Adrian în ultimii ani și de aceea, tonul predominant este unul informal. Însă, la un nivel mai profund, cititorul atent poate detecta obișnuința lui Adrian cu stilul de comunicare american. De exemplu, amândoi folosim în conversație informalul „aha" (corespondentul lui „yeah" în engleză, n.t.) în locul lui „da". Adrian rostește „aha" de 17 ori, iar în total, noi trei (incluzând-o și pe Jessica) de 49 de ori. Este o atmosferă destinsă, glumeață care nu este caracteristică unei culturi cu distanță mare față de putere, dar este obișnuită între egali.

În românește, cuvântul „da" este folosit uneori drept conector discursiv care poate avea o funcție dublă: aceea de a face legătura între două gânduri, sau aceea de a semnala începerea unui alt subiect de discuție. Acesta ar putea fi cazul și în cadrul conversației pe care am avut-o, dar cel mai probabil Adrian a preluat cuvântul informal din multiplele sale interacțiuni cu americanii. El este capabil să folosească acest cuvânt în mod fluid când vorbește în engleză.

Alte cuvinte împrumutate din jargonul american pe care Adrian le folosește, deși mult mai rar, sunt „cool" (fain, n.t.) și „awesome" (grozav, n.t.). Adrian folosește aceste cuvinte când este de acord sau încântat de ceva ce s-a întâmplat sau s-ar putea întâmpla. Un exemplu concludent este răspunsul lui Adrian când a fost întrebat despre logodna lui recentă. Răspunsul lui: „a fost grozav" (în engleză „that was awesome", n.t.). Propoziția aceasta a fost și un punct de răscruce semnalând că subiectul s-a închis și că era deschis pentru o altă conversație.

Caracterul informal al discuției poate fi observat și în modul în care sunt folosite vocativele prin care vorbitorii își atrag atenția unul celuilalt. Vocativul informal „hei" este folosit de trei ori. O dată de Jessica pentru a-i atrage atenția lui Adrian și de două ori de către Adrian pentru a ne povesti despre cum vorbește el cu alți români. Dacă acest vocativ specific este obișnuit pentru o cultură cu distanță mică față de putere precum cea a Statelor Unite, pentru români este mai comun să folosească cuvinte de adresare directă, precum numele unei persoane sau referințe la participanții la conversație pentru a le atrage acestora atenția. Ceea ce iese din nou în evidență este modul de adresare folosit de Adrian în stilul informal american, o negociere a identității în sine de fiecare dată când vorbește cu prietenii lui americani.

Conversația este presărată cu întreruperi. Unele dintre acestea se datorează unei conexiuni slabe la internet; totuși, majoritatea întreruperilor sunt importante. Din partea mea, întreruperile au avut loc în clipa în care am observat o pauză prelungită în conversație sau când Adrian părea să nu mai aibă suficiente informații ca să răspundă la întrebare, sau când privea în altă direcție decât cea a camerei de filmat. Adrian, pe de altă parte, a întrerupt conversația doar o singură dată, scopul fiind clarificarea subiectului. Această observație interesantă pare să fie ancorată în sistemul românesc de valori și în tendința de evitare a incertitudinilor. Adrian nu a dorit să fie prins în ipostaza inoportună de a i se atrage atenția că trebuie să continue discuția și mai apoi să fie nevoit să-și ceară scuze că nu a schimbat subiectul la rândul lui. După cum am menționat mai sus, românii preferă să cunoască limitele activității la care se angrenează, iar în acest caz Adrian era conștient că eu reglementam regulile conversației.

Mai sunt alte două tehnici de comunicare ce pot fi evidențiate pe scurt. Prima, prin care Adrian demonstrează influențele colectiviste este folosirea întrebărilor retorice, destul de uzuale în limba română. Când a fost rugat să facă ceva ce nu putea, în exemplul de față să picteze fețe, Adrian își amintește ceva ce i-a spus unui prieten pastor: „Hei, Felix, sunt toate plecate în Statele Unite, ce să facem?" Această întrebare retorică, *ce să facem?* Înlocuiește vina unei persoane cu vina de grup, un aspect des întâlnit în limbile de origine latină. A doua tehnică implică folosirea dubletelor, cuvinte care au același înțeles, dar sunt utilizate pentru a adăuga emfază. Aceste dublete apar în trei locuri distincte în conversația noastră. Vorbind despre logodna lui, Adrian spune că americanii „plâng și sunt emotivi". Mai apoi, vorbind despre dorința lui de a-l vedea în România pe David Platt, Adrian admiră „pasiunea și carisma" acestuia și subliniază că este „foarte-foarte bun" ca lider al Boardului internațional de misiune. Se poate observa că dubletele folosite de Adrian nu adaugă profunzime declarațiilor lui, doar emfază.

Împrumutând idei din teoria negocierii identității și cea a acomodării, putem concluziona că Adrian înțelege și acceptă faptul că interesele lui vor fi mai bine servite dacă este dispus să își apropie identitatea de cea a unui american. Dincolo de cunoștințele pe care le are cu privire la lumea evanghelică, Adrian a adoptat câteva tactici ce îl poziționează favorabil atât în structura de comunicare americană, cât și cea românească. Nu este pe deplin american, nici pe deplin român; Adrian este parte dintr-o a treia categorie: româno-american. Acesta este de fapt scopul negocierii identității. Ting-Toomey (2005) susține că adevărații negociatori de identitate au capacitatea de a funcționa fluid „trecând de la o stare la alta fără efort", devenind astfel „transformatori culturali dinamici" (pag. 225). Asta nu înseamnă că Adrian a atins acest scop ultim și nici nu cred că ar spune așa ceva despre el. Totuși, el înțelege faptul că strategiile de comunicare interculturală pot fi utilizate pentru îmbunătățirea comunicării – observație pertinentă în mijlocul unei culturi românești fluctuante. Adrian nu a îmbrățișat cultura americană până în punctul unei identități haotice, deși a negociat pentru sine o identitate care este distinctă față de direcția valorilor românești listate mai sus.

Pentru români, ispita de a renunța la identitatea lor românească în favoarea promisiunilor progresului economic este într-adevăr reală. Într-un articol intitulat „O relație transatlantică în România", Duțu (2004) notează că românii au devenit obsedați de economia de consum americană și de „McDonaldizare", contribuind la o realitate încețoșată care se află undeva între percepție și real. Viața de zi cu zi într-o astfel de tensiune poate fi deranjantă. De aceea, probabil, mulți români visează la emigrare. Un alt sociolog crede că

România și alte țări care s-au alăturat Uniunii Europene se întâlnesc cu această tensiune la un nivel moral, în mod principal datorită capacității UE de a crea legi care să niveleze terenul moralității și să redefinească moralitatea „europeană" (Arfire, 2011).În ceea ce privește valorile naționale, România nu pare că are să iasă din perioada de tranziție prea curând. Pe scurt, soluția care îi rămâne unui român precum Adrian este inevitabila negociere de identitate. Internetul și mass-media vor aduce în continuare noi confruntări pentru poporul român, cu fiecare atingere de tastă tot mai multe valori diferite vor inunda viețile românilor. Întrebările pe care Adrian ar trebui să le ia în considerare sunt cum ar putea un român în anul 2018 să găsească echilibru între ceea ce Ting-Toomey (2005) numește identitate înrădăcinată și identitate haotică? Cât înseamnă suficient? Acomodarea totală la normele culturii și stilul de comunicare americane chiar aduce „viața bună"?

Teologul Miroslav Volf (1995), pentru a ilustra necesitatea comunicării interculturale, folosește metafora „îmbrățișării" deoarece, în actul îmbrățișării, le dăm de înțeles celor care sunt altfel decât noi că nu mai vrem să fim singuri (pag. 203). Volf are dreptate. Este omenesc să comunicăm și este omenesc să tânjim să fim înțeleși și respectați. Comunicarea interculturală este posibilă când ambele părți își conștientizează predilecțiile și lucrează împreună pentru atingerea scopurilor fiecăruia păstrând integritatea respectului. Putem spune că avem de-a face cu comunicarea interculturală când ambele părți comunică fără să renunțe prea mult la identitatea lor. Prin folosirea tehnicilor de comunicare interculturală, prietenul meu Adrian și-a dovedit capacitatea pentru fluiditate și transformare dinamică. O analiză pragmatică a comunicării, bazată pe această discuție interculturală, demonstrează că Adrian înțelege rolul imaginii de sine și direcțiile de valori. Mai mult, disponibilitatea lui Adrian de a naviga tensiunile negocierii de identitate și acomodare indică atenție și respect. Deși Adrian nu poate și nu va renunța niciodată la identitatea sa, cuvintele sale și modul în care le folosește susțin îmbrățișarea interculturală pe care el a făcut-o deja.

Apendice A: Transcrierea conversației

11:00 dimineața. Miercuri, 19 noiembrie, 2014

Conversație pe Skype între Cameron, Adrian, și Jessica care înregistrează (și uneori are intervenții):

C: Ce mai faci Adrian?

A: Am fost destul de ocupați. Ăăă. Vreau să spun că am avut ceva evenimente la biserică – cred că ai văzut unele postări.

C: Aha. A venit echipa din Irlanda, nu?

A: Aha, am avut o echipă din Irlanda. Am avut un concert mare. Și am mai avut o mulțime de alte evenimente în ultimele luni.

C: Aha.

A: Deci merge bine treaba.

C: Merge totul bine și cu - (Cameron se oprește, deoarece nu a auzit bine)

A: Jessica filmează?

C: Aha, Jessica filmează. Deci, pentru acest proiect, care se numește, de fapt cursul se numește Comunicare interculturală. Și, ă...

A: Cum se numește?

C: Comunicare interculturală.

A: ... nu te-am auzit bine.

C: Se numește Comunicare interculturală.

A: Ok.

C: Are sens?

A: Aha.

C: Deci, trebuie să pun câteva întrebări cuiva din cultura mea gazdă, care este România, despre... orice. Iar apoi să analizez modul în care vorbim, stilul de comunicare pe care îl folosești ca român și lucruri din acestea.

A: Ei bine, ok. Merge.

C: Are sens?

A: Aha, are. (Adrian privește în altă parte și începe să miște ceva deasupra capului)

J: Pare că porți o pălărie.

A: Cum merge? Din când în când... ă, o să fac o poză cu voi. <scoate camera>Veți fi în seria mea „poza zilei".

C: Cool!

J: Drăguț!

A: Ok atunci.

J: Hei, Adrian.

A: Da?

J: Poți să muți calculatorul sau ce ai mai aproape de fața ta să fie mai mare?

A: Ăăă. O să-ncerc... Nu, nu pot.

C: Aha. E ok. Deci ce voiai să spui mai înainte?

A: Din când în când vocea voastră se aude foarte robotic (face un gest cu mâinile) din cauza conexiunii. De aceea o să vă rog să repetați ce ziceți.

C: Da. (aprobă din cap)

A: Altfel, nu știu dacă o să înțeleg întrebarea ta. Doar să știi.

C: Cum este cu...

A: Trebuie să filmați tot proiectul?

J: Da.

C: Da. Dar e ok. Este...

A: Săracu' de tine.

C: Este doar o conversație de 20 de minute. Apoi trebuie să o transcriu și să privesc la modul în care vorbești despre lucruri și alte chestii din acestea. Dar...

A: Deci care este subiectul? (întrerupând)

C: Ei bine, vreau să spun că voiam să atingem câteva puncte. Dar înainte de toate vreau doar să te felicit pentru logodnă.

J: Da!

C: Știi?

A: Mulțumesc! (face un gest vag cu mâna)

C: Am văzut tot filmul pe care l-ai postat. A fost foarte tare! (gesticulează cu ambele mâini)

A: Ai plâns? (zâmbește)

C: Da. A fost foarte tare. Foarte tare.

A: L-am pregătit, l-am făcut în seara aceea și l-am arătat întregii echipe, știi, din Dallas -

C: Aha.

A: La Sinaia, și au plâns toți și au fost sentimentali. Nu știu, americanii sunt așa mai plângăcioși sau ceva de genul?

C: Cam așa ceva. De obicei, în special dacă sunt multe... Echipa era formată din multe femei?

A: Cum să fie?

C: Erau multe femei în echipă?

A: Da, au avut femei, dar până și bărbații aveau o lacrimă sau ceva.

C: Asta-i amuzant. Da. Ce tare. Cum ți-a venit idea pentru asta?

A: Nu sunt sigur. (Privește în gol) Cred că mă gândeam că, ă, și căsătoria e la fel. Un fel de bungee-jumping. Nu știi exact ce se va întâmpla, dar ai credința că elasticul te va ține. Presupun. Nu am vrut să aibă un sens profund, neapărat. Dar a mers bine. Ea a sărit. Că a vrut să se căsătorească cu mine, dar dacă nu ar fi avut curajul să sară nu aș fi postat acest video.

C: Aha. Asta-i foarte tare.

J: Nici nu i-ai dat prea mult de ales.

A: Eu... da. Hahaha. (își acoperă fața cu mâinile) A fost foarte tare faza.

J: Chiar a fost tare.

C: Foarte tare. Ea este în... din poze pare că este prin București destul de mult în ultima vreme. Așa e?

A: Da, a fost în București și eu am fost plecat în...

C: Cluj?

A: Cluj și Baia Mare, de multe ori. Deci ne vedem destul de des. Mai puțin când a fost plecată în Statele Unite.

C: Ok.

A: O. A primit viză pe zece ani.

J: Tare!

C: Pe bune? Grozav!

A: Și eu am viză și venim în State în aprilie pentru nunta verișoarei mele.

C: Da?

J: Tare.

A: În caz că erați prin zonă. Stai, că voi veți fi aici (râde).

C: Vom fi în București. Da...

A: Scuze. Ținem pasul cu voi.

C: Aha, e oarecum ciudat că noi venim în câteva luni înapoi în România. E cam ireal, știi?

A: Da, va fi o mare diferență. Ne întrebăm mereu „Unde-s Cameron și Jessica?" Știm că v-ar fi plăcut mult unele proiecte pe care le facem.

J: Da.

A: Am pictat fețele copiilor în parc, un proiect în colaborare cu alte biserici (se întoarce și privește în cameră). Și a fost un succes.

C: Aha. Unde ați făcut asta?

A: La un moment dat, cele trei fete cu care ați colaborat voi pentru proiectul de întâi iunie erau toate în Statele Unite. Maria era în Statele Unite, voi erați în Statele Unite, Carmen era în Statele Unite. Și, ă, Lindsay...

J: Leslie.

C: Leslie. Da.

A: Și ea era în Statele Unite.

J: Da.

A: I-am spus prietenului meu, „hei Felix, sunt toți în Statele Unite, ce putem face?" Așa că... Dar Maria s-a întors acasă devreme. Trebuia să se întoarcă pe la mijlocul lui octombrie...

C: Hmm.

A: Dar a revenit la începutul lui septembrie. Așa că...

J: Ooo.

A: Ea a fost... da, și-a adus echipamentul de vopsit și i-a învățat pe alți patru băieți și două sau trei fete cum să picteze.

J: Tare.

C: Da, asta-i tare. Iar asta a fost pentru treaba aia cu 555 de ani?

A: Da, a fost pentru treaba aia cu 555 de ani.

C: Grozav. Și s-au implicat toate bisericile?

A: Da, s-au implicat. Dar ne-am împărțit în diverse părți din București...

C: Da.

A: Iar apoi am dat feedback. Și am avut un spectacol de păpuși. Nu știu dacă ați văzut video-ul. L-ați văzut?

C/J: Nu cred.

A: O să vi-l trimit pe internet. E postat pe internet.

J: Ok.

A: E un video scurt. Avem spectacolul de păpuși și momentul în care copiii au fost pictați pe față.

J: Îhîm.

A: Iar alte biserici, ăăă, au mers prin parc și au curățat parcul. Iar alții au făcut plimbări de rugăciune.

J: Îhîm.

C: Tare.

A: Mulți oameni.

C: A fost genul de efort venit din partea tuturor pastorilor din toate bisericile sau doar din grupul celor cu care ne-am întâlnit? Sau a fost mai mare de atât? (Gesticulează cu ambele mâini).

A: Mai ții minte că te-am dus la un proiect București 20/20?

C: Da.

A: Știi, știi treaba aia. Acum o parte din oameni au mers, ă, au mers la, vreau să spun că treaba aia la care ne-am întâlnit a fost – a fost Sâmbătă dimineața când am mers?

C: Da.

A: Atunci ei au răspuns ca biserică.

C: Super. Super.

A: Ceea ce nu am reușit să facem a fost proiecția filmului „Dumnezeu nu este mort". Pentru că nu aveau licență de difuzare. Au spus că poate fac în ianuarie. Că vor avea filmul în ianuarie.

C: Ok.

A: Iar unul dintre proiectele mele era să închiriez un cinema și să îl difuzez... Să-mi zici când vrei să mă opresc din vorbit.

C: Nicio problemă. Nu am un subiect prestabilit, doar vreau să vorbesc cu tine. Îmi face plăcere să vorbesc cu tine.

A: Ok. Știi că pot să vorbesc mult.

C: Da, e ok. Haha. Știi ce se spune, că nu trebuie să forțezi un predicator să vorbească toată ziua.

A: <Râde>Cât de mult... Deci, am urmărit și am citit ce ai mai postat pe Facebook. Călătorești mult și mergi în multe biserici. Am văzut postat și un video cu voi.

J: O, sigur Eric l-a postat.

C: O, probabil, da. Da, era în Ohio.

A: Deci vă urmărim. Nu vă faceți griji pentru noi. Ne gândim: „Hei, oare ei ce mai fac?"

J: În ce stat sunt acum?

C: În ce stat sunt acum? Câte mile au făcut? Știi, am făcut aproximativ 10.000 de mile cu dubița pe care o conducem. Deci călătorit ceva.

A: Da.

C: Da. Pentru că avem rude în Michigan, care este în nord, și în Florida, care este în sud. Iar familia ei este din Virginia de vest, iar a mea din Tennessee și locuim o perioadă în Carolina de nord. Deci conducem în toate direcțiile, știi. Dar e bine. Am vorbit în 12 biserici, cred, și am vorbit despre România și a am avut multe... știi tu, am două cursuri pentru doctorat acum. Și, de fapt, acum suntem în California. (o pauză scurtă ce indică schimbarea subiectului).

J: O. O, trebuie să îi spui lui Adrian care a fost primul lucru pe care David Platt l-a zis.

C: O, da. Deci, ai auzit de David Platt care este noul președinte BIM?

A: Știu, știu. Am fost așa invidios când am văzut că v-ați întâlnit cu el.

C: Asta s-a întâmplat săptămâna trecută și nu l-am mai întâlnit niciodată personal, știi, așa că ne-au spus „Ar trebui să veniți îmbrăcați elegant pentru cina cu noul președinte. Nu știm dacă este obligatorie cravata, pentru că nu știm ce va purta el." Mă auzi bine?

A: Da, te aud. Da.

C: Ok. Deci ei ne-au spus, „de ce nu te îmbraci cu un sacou sau un jerseu, o jachetă şi o cămaşă, dar nu îţi face griji de cravată pentru că nu ştim dacă el va purta una." Aşa că, Jessica şi cu mine mergem la cină, ştii, iar eu am sacou pe mine. Şi un tip îmi spune, „David Platt e în camera aceea." (gesticulează cu mâna dreaptă) Şi când ne apropiem, din cameră iese David Platt. Aşa că ne prezentăm (gesticulează cu ambele mâini), iar el zice: „O, Cameron, trebuia să port cumva sacou?" <Râde>Iar noi i-am răspuns, „Ă, nu ştim, pentru că noi trebuia să ne aliniem cu ce porţi tu". Iar el zice: „de obicei port blugi" <Râde>A fost destul de amuzant.

A: Aşa chiar e amuzant.

C: Şi asta a fost întâlnirea noastră cu David Platt.

J: Da, deci el a fost singura persoană de la cină care nu avea sacou.

C: A fost amuzant. Foarte amuzant.

A: Ar trebui să îl aduceţi în România.

C: Ne-a spus că nu a fost niciodată în România.

J: Da, am încercat să îi zicem să vină. Ne-a spus că programul îi e plin până în aprilie.

A: Aprilie?

J: Da, iar apoi vrea să petreacă timp cu familia. E destul de aglomerată perioada asta pentru el.

C: Aha, ne-a spus că familia lui încă locuieşte Birmingham. Face naveta până în Richmond unde este sediul BIM Going. (gesticulează cu amândouă mâinile)

Știi, are mulți pastori și o comunitate foarte bună în Birmingham și îi e greu să își ia familia de acolo, acum.

A: Cum de l-au ales pe el pentru BIM? (privește concentrat în camera de filmat)

C: Bine, ei...

A: E ceva foarte diferit pentru ei.

C: Știi tu, ne-au întrebat pe toți, știi, ce calități ar trebui să aibă un nou președinte BIM? Pentru că președintele dinainte, are de gând să se retragă în ianuarie sau ceva de genul. Așa că au întrebat niște oameni și ne-au întrebat pe toți ce calități ar trebui să aibă noul președinte. Și evident că am spus că, știi tu, avem nevoie de cineva care să catalizeze generația tânără. Deoarece multe din bisericile tinere din convenția baptistă de sud se îndepărtează de BIM pentru că organizația este văzută ca o mașinărie prea mare, știi, impersonală. Și genul acesta de lucruri. Și chiar au luat sfatul nostru în considerare. Și David Platt, bineînțeles, este recunoscut în toată lumea evanghelică.

A: Da, știu. Ai auzit de Verge?

C: Aha, rețeaua Verge. Da. Ai postat tu videoul? Nu știu dacă tu ai postat videoul – dar cineva a postat un video în care David Platt și Franis Chan vorbeau despre cum să nu lași misiunea să devină dumnezeul tău. Să îl lași pe Dumnezeu să fie Dumnezeu.

A: O. L-am văzut acum câteva zile, dar nu l-am postat eu.

C: Da, altcineva l-a postat. Nu l-am văzut pe tot încă, dar...

A: Da, chiar îl iubesc pe omul acela. Au și cartea lui în română...

C: Radical.

A: Radical, da. O avem tradusă.

C: Tare.

A: Nu sunt sigur dacă e la fel de popular ca John Piper. Sau Francis Chan sau alții. Dar vorbim de România aici.

C: Aha.

A: Probabil e mai popular în Statele Unite. Dar ne-ar plăcea să îl avem aici.

C: Asta-i tare. De ce crezi că –

A: Deci dacă ai putea să îl aduci în România ar fi tare de tot.

C: De ce crezi că nu e la fel de popular în România, Adrian?

A: Nu știu exact. Ă...(o scurtă pauză de gândire) Nu a apărut în media atât de des ca John Piper și nici pe la diverse conferințe.

C: Crezi că oamenii...(legătură întreruptă; probabil o problemă de conexiune)

A: Dar teologia lui și pasiunea și carisma lui sunt foarte tari. Și chiar îmi place omul acela.

C: Da.

A: Modul în care și-a predat viața. Adică, cred că este un lucru foarte foarte bun pentru BIM.

C: Da, cu siguranță.

A: Mă bucur că ai avut ocazia să te întâlnești cu el.

C: E foarte foarte tare. E un tip bun și toate alea. Richard Clark, știi, în București, știi, are un nepot la seminarul baptist de sud, în Louisville, Kentucky (gesticulează). A spus că nepotul lui lucrează la seminar și că de fiecare dată când David Platt vine să vorbească la capelă, nepotul lui Richard este cel care merge să ia de la aeroport vorbitorii de la capelă, știi? Și îi duce la hotelul unde seminarul de sud a plătit pentru ei să stea și toate alea. Și, ă, evident, când a mers să îl ia pe David Platt și l-a dus la hotel, au parcat în fața hotelului și David Platt a spus: „ce căutăm aici? Hotelul acesta e prea drăguț. Poți să mă lași aici, dar eu am să merg să mă cazez altundeva, acesta e un hotel de 5 stele. Nu vreau să stau aici."

A: (Râde aprobator) Pe bune?

C: Da.

<Conversația continuă după ce înregistrarea a fost oprită>

Timp total: 21 de minute.

Cameron D. Armstrong

CAPITOLUL PATRU:

EDUCAȚIA ÎN ORTODOXIA RĂSĂRITEANĂ

Când pășesc pe porțile mari în aglomerata biserică ortodoxă, alături de prietenii mei, încep să simt fiori pe șira spinării. Ne mișcăm încet spre centrul singurei încăperi a capelei, mulțimea ne face loc cu greu, în timp ce instructoarea noastră de limbă română, Diana, ne indică locurile din față unde să ne poziționăm ca să vedem mai bine ce se întâmplă. Liturghia, citită melodic de către preoți, reverberează din podeaua de marmură. Cu coada ochiului o observ pe Diana gesticulând că e momentul să ne punem în genunchi, în timp ce preotul cântă versete din povestea patimilor. După ce mă pun în genunchi realizez că atât fizic, cât și mental, aceasta este o experiență nouă pentru mine. Nu mai fusesem niciodată la o slujbă într-o biserică ortodoxă care să îmi dea lecții subtile chiar despre propria mea tradiție.

În acest eseu calitativ, voi prezenta pe scurt observațiile culese din vizitele făcute la două biserici de rit ortodox în săptămâna dinaintea Paștelor. Ambele servicii s-au desfășurat în limba română și, înainte de fiecare slujbă, am avut onoarea de a interviva prietenii care m-au invitat. De asemenea, unul dintre preoții care a condus prima slujbă a fost binevoitor și mi-a permis să îi iau un interviu. Mărturiile obținute în aceste interviuri vor fi inserate în cadrul acestui eseu pentru a adăuga o notă personală observațiilor. Observațiile și informațiile din interviuri vor fi de ajutor în dezvoltarea unei imagini de ansamblu asupra modului în care educația funcționează într-un context bisericesc ortodox răsăritean. Deși nu voi aborda teologia credincioșilor ortodocși, voi nota câteva diferențe în modul în care educația este practicată în bisericile ortodoxe în comparație cu cele evanghelice. Această lucrare se încheie oferind trei aplicații principale pentru propria mea slujire ca misionar evanghelic.

Românii și creștinătatea ortodoxă răsăriteană

Pentru început se cere o scurtă definiție a ortodoxiei răsăritene. Liderii ortodocși cred că există o legătură continuă între biserica primară și biserica ortodoxă modernă. De aceea, liturghia, celebrarea sfinților și tradiția sunt de mare preț pentru credinciosul ortodox și trebuie păstrate îndeaproape. Accentul este pus pe suveranitatea și tainele lui Dumnezeu, în special taina Fiului lui Dumnezeu care s-a întrupat și a trăit printre oameni. Se spune că, spre deosebire de creștinătatea catolică și protestantă care sunt preocupate cu aspectele personale ale lui Dumnezeu, care pot fi cunoscute, ortodoxia înclină puternic spre maiestatea și supremația lui Dumnezeu peste omenire. Vom reveni mereu la această temă de-a lungul analizei, în mod specific descriind aspectele arhitecturale ale clădirii bisericii ortodoxe răsăritene.

Înainte însă de a aprofunda răspunsul românilor la întrebarea: ce înseamnă creștinătatea? Îi voi prezenta mai întâi pe cei trei români interviețvați. Înainte să particip la prima slujbă religioasă am intervievat-o pe profesoara noastră de limba română, Diana. Diana are peste 30 de ani și a crescut într-un orășel dintr-o parte a țării cunoscută pentru aderența ei strictă la ortodoxie. Imediat după prima slujbă l-am interviat pe preotul Vlad. „Diacon" de trei ani și șase luni, Vlad va obține titlul de preot deplin după ce va mai trece cu bine de câteva examene la pragul de cinci ani. Vlad a crescut în aceeași regiune ca Diana. În continuare mă voi referi la el drept părintele Vlad. Cea de-a treia persoană intervievată este vecinul nostru Sorin care are 59 de ani și a locuit în București toată viața. Fiecare interviu s-a desfășurat în limba română pentru ca intervievații să își poată exprima clar crezurile.

Clădirea bisericii

După cum am menționat mai sus, în bisericile ortodoxe se arată o mare cinste maiestății lui Dumnezeu. Din clipa în care am pășit în biserică am fost uimit de atenția cu care audiența asculta liturghia melodioasă ce era citită din față. Câțiva oameni au rămas în genunchi pe toată durata slujbei. O femeie mai în vârstă, ce se afla în fața mea a stat în genunchi cu fruntea lipită de podea în supunere reverențială înaintea lui Dumnezeu, tot timpul cât noi am fost acolo. La altar, doi preoți cântau Scriptura și liturghia pe rând. Arhitectura impunătoare cu tavanul înalt și rotund părea să atingă cerurile, iar în interiorul cupolei centrale era o pictură cu Fecioara Maria și Isus Hristos. Această biserică, cunoscută și ca Biserica sfântul Daniil Sihastrul nu este decorată extravagant precum alte biserici pe care le-am mai văzut. Totuși, o tăcere sumbră părea să fi cuprins întreaga biserică și imediat am tăcut și eu.

Când a fost întrebată ce simte când intră într-o biserică ortodoxă, Diana a răspuns: „în primul rând mă simt smerită pentru că biserica este mare și înaltă, iar eu sunt mă simt mică înaintea lui Dumnezeu." Arhitectura este foarte potrivită pentru o atmosferă de smerenie tăcută. Totuși, pentru Diana, există și un sentiment de tristețe. Când a fost rugată să explice de ce, Diana a spus: „În sensul că toate lucrurile astea nevrednice sunt înaintea lui Isus... chiar dacă știu că a murit pentru mântuirea noastră, totuși percep în biserica ortodoxă un sentiment mult mai serios și trist. Te aduce într-o stare de meditație profundă, dar nu de bucurie." Pe de o parte, slujba comemorează ultima cină pe care Hristos a avut-o cu ucenicii Lui înainte de crucificare, de aceea atmosfera nu trebuie să fie una de bucurie. Totuși, Diana nu se referă doar la slujbă, ci la starea generală care te cuprinde atunci când pășești în această biserică ortodoxă.

Sorin explică mai în detaliu cum se simte într-o biserică ortodoxă. Pentru Sorin, în timp ce clădirea îi inspiră „pace și liniște", mi-a menționat de două ori că el nu simte că „este un loc magic, un loc unde este acumulată puterea lui Dumnezeu." Pacea și liniștea sunt cele mai atractive aspecte ale clădirii bisericii pentru Sorin.

Învățarea în familie

Majoritatea credincioșilor ortodocși pe care i-am întâlnit mi-au spus că au învățat despre credință în contextul familiei, în special de la bunici. Cele trei persoane intervievate, inclusiv părintele Vlad, au confirmat acest lucru. Deși era clar că Sorin nu voia să dezvolte subiectul mai departe după ce mi-a spus că părinții lui l-au învățat cum să observe ritualurile ortodoxe, Diana mi-a oferit bucuroasă detalii despre cum bunica ei o ducea în mod regulat la biserică. Deși părinții Dianei frecventau biserica mai rar datorită faptului că munceau mult, Diana își amintește de bunica ei care i-a explicat cum să țină tradițiile și normele. Părintele Vlad își aduce și el aminte impactul pe care l-a avut credința bunicii asupra lui în copilărie. În ultimii ei ani de viață, bunica părintelui Vlad fusese imobilizată, dar a avut o atitudine pozitivă și „mereu, mereu, mereu se ruga".

Îngenuncheat în biserica ortodoxă am privit în jur și am văzut că, într-adevăr, majoritatea erau bărbați și femei de vârsta bunicilor mei. În interiorul bisericii aglomerate, probabil doar 20 de persoane erau sub 50 de ani. Chiar și la slujba de Paște de la miezul nopții care a avut loc două zile mai târziu mare parte din cei care au participat erau în vârstă. Bineînțeles, cel mai probabil sunt o serie de factori în joc care trebuie luați în considerare de ce slujbele ortodoxe nu au mai mulți participanți din generația mai tânără, dar nu vom atinge acest subiect aici.

Tradiții

O altă componentă importantă ce contribuie la modul în care românii învață să își trăiască credința este prin practicarea tradițiilor ortodoxe. Deși nu este un fapt predat direct de preoți, românii știu că în calendarul ortodox sunt incluse „zilele sfinților" care trebuie sărbătorite conform tradiției. De exemplu, la serviciul de joi seara la care am participat, oamenii din jurul meu păreau să știe că trebuie să îngenuncheze la fiecare dintre cele douăsprezece citiri din Evanghelie. Alte tradiții importante incluse în acest serviciu religios implică semnul crucii, care se face în special când preotul face referire la Sfânta Treime, sărutarea icoanelor ortodoxe, precum și crucea mare din lemn adusă de preot la terminarea slujbei.

Când l-am întrebat pe părintele Vlad ce tradiții folosesc preoții ca să îi învețe pe oameni credința ortodoxă, el mi-a dat ca exemplu repetarea rugăciunilor sfinților. Răspunsul părintelui Vlad este atât de revelator încât merită citat în întregime.

> Avem cărți de rugăciuni în care sunt scrise rugăciunile sfinților care au trăit cu mult timp înaintea noastră, dar care ne aduc în locul în care trebuie să fim găsiți. Putem să încercăm să ne rugăm cu cuvintele noastre sau putem spune anumite lucruri cum le înțelegem noi, e foarte bine, dar aceste lucruri nu sunt ceea ce par. Nu ne putem da seama de la început cum suntem, care e starea noastră, cum stăm, ce am făcut bine, ce am făcut rău. Sunt mulți oameni care vin la biserică la spovedanie, să își mărturisească păcatele și spun: „nu am făcut nimic greșit". Ei nu-și dau seama. De aceea, avem diverse

rugăciuni și practicăm tainele spirituale care ne învață de unde să începem, unde suntem.

Rostirea rugăciunilor sfinților îi ajută pe credincioșii ortodocși să vadă mai bine realitatea, să se vadă mai clar pe ei înșiși înaintea lui Dumnezeu. Aceasta este doar unul dintre instrumentele pe care preoții le oferă oamenilor pentru a se maturiza în credință.
De dragul conciziei voi trece la ultima parte a acestei analize. Voi continua oferind trei diferențe între stilul educației practicat de ortodoxia estică și cea protestantă. Apoi, voi relata trei subdomenii în care practicile educaționale ortodoxe ar putea fi aplicate în bisericile protestante.

Educația evanghelică și cea ortodoxă în dialog

Trei diferențe între practicile educaționale în ortodoxie și evanghelism includ: atitudinea și postura participanților, utilizarea ritualurilor și a tradiției și tehnici orale de învățare. Prima dintre ele, diferența în atitudine și postură dintre bisericile ortodoxe și cele evanghelice este de cele mai multe ori foarte pronunțată, în special în România. După cum am menționat mai sus, bisericile ortodoxe sunt edificii înalte cu arhitectură și icoane superbe. La fel, credincioșii ortodocși adoptă o postură umilă, tăcută înaintea Dumnezeului atotputernic, stând în picioare sau îngenunchind în raport direct cu cerințele slujbei religioase. Preoții ortodocși citesc liturghia pe o voce cântată care poate sau nu să fie amplificată de un sistem de sunet. Bisericile evanghelice sunt dotate, de cele mai multe ori, cu scaune sau bănci pentru participanți, iar un lider al bisericii rostește un mesaj care este practic și ușor de înțeles. În general, tonul este considerat a fi unul mai plin de viață și primitor într-o biserică evanghelică, dar, în același timp, îi lipsește istoria îndelungată a slujbei religioase din bisericile ortodoxe.

A doua diferență este că biserica ortodoxă folosește ritualurile și tradițiile pentru a preda consistență, ceea ce în cercurile evanghelice este în cea mai mare parte respinsă. Într-adevăr, tradiția este egală cu Scriptura pentru biserica ortodoxă în ceea ce privește însemnătatea ei. Zilele sfinților sunt păstrate și mulți din sfinții cunoscuți sunt sărbătoriți prin tipuri specifice de mâncare și rugăciuni. Venerarea icoanelor joacă, de asemenea, un rol important. Credincioșii ortodocși au în casă una sau două icoane. Chiar și evanghelicii au tradiții, cum este rugăciunea înainte de fiecare masă, dar acestea nu sunt păstrate la un rang la fel de înalt și de cele mai multe ori au la bază aspecte culturale.

Cea de-a treia diferență constă între modul oral de educare al bisericii ortodoxe și cel bazat pe literatură scrisă în bisericile evanghelice. Tradiția evanghelică pune mult accentul pe modelele de învățare bazate pe text, având încredințarea că oamenii trebuie să poată citi ei înșiși Cuvântul lui Dumnezeu pentru a putea cunoaște cum să trăiască. Serviciile religioase evanghelice culminează cu citirea și predicarea Cuvântului lui Dumnezeu scris, simbolizat de amvonul plasat în fața bisericii. În contrast, mare parte din tradiția ortodoxă utilizează metode bazate pe învățarea orală. Este adevărat că preoții citesc liturghia în timpul slujbei, dar întreaga experiență țintește toate simțurile: mirosul de tămâie, vocea melodioasă a preotului, atingerea podelei și icoanelor, observarea frumoaselor picturi și sărutarea icoanelor aliniate pe una din laturile bisericii. Credincioșii ortodocși sunt astfel învățați că serviciile religioase sunt holistice, ceea ce este un concept mai mult oral decât textual.

Având aceste trei diferențe în minte, putem distinge trei moduri prin care cei care provin dintr-o tradiție evanghelică își pot îmbunătăți educația. Cele trei modalități își au rădăcina exact în aceste diferențe. Evanghelicii ar putea învăța câte ceva din accentul pe care îl pun ortodocșii pe smerenia înaintea lui Dumnezeu. De prea multe ori pare că liderii evanghelici îl prezintă pe Dumnezeu atât de personal încât eclipsează maiestatea Lui. Reverența pe care am simțit-o la ambele servicii religioase ortodoxe la care am participat m-a făcut să îmi reconsider perspectiva din care îl privesc pe Dumnezeu. Da, Dumnezeu este prieten cu păcătoșii și este mai aproape de noi decât un frate, dar în același timp Dumnezeu este suveran peste toată creația și nimeni nu poate sta în prezența lui Dumnezeu fără un intermediar. Personal, faptul că am îngenuncheat fizic, că mi-am aplecat capul și mi-am închis ochii, a fost un gest care mi-a făcut bine și sufletului. Creștinii evanghelici trebuie să își reamintească magnitudinea Trinității și să includă în serviciile lor de biserică momente care să demonstreze umilința lor înaintea tronului.

Pentru ortodocși utilizarea ritualurilor și a tradiției este o parte importantă din viața de creștin. Biblia este clară în ceea ce privește mântuirea care nu poate fi obținută prin fapte, dar amintindu-ne trecutul nu poate decât să ne ajute să ne păzim credința în prezent. Să știi că ești și tu creștin, parte dintr-o lungă serie de alți oameni care au trăit și practicat aceeași credință ca tine este important. În multe domenii, evanghelicii au pierdut respectul pentru trecut. Am fost impresionat de răspunsul părintelui Vlad când l-am întrebat ce înseamnă creștinătatea pentru el. Părintele Vlad mi-a spus: „Creștinătatea, pentru mine și pentru părinții mei înseamnă, mai presus de tot, religia străbunilor noștri."

Incluziunea metodelor orale de învățare în ortodoxie este semnificativă și ar trebui incorporată și de liderii evanghelici pentru maximizarea impactului. Din nefericire, majoritatea liderilor și misionarilor evanghelici folosesc metode literate pentru a atrage majoritatea care este obișnuită cu o abordare orală. Conform unor cărturari precum Lovejoy (2012), 80% din populația lumii pare să prefere oralitatea (p.29). Accentul holistic asupra învățăturii creștine în biserica ortodoxă, îndreptată spre un mod de închinare care include toate cele cinci simțuri, este util deoarece demonstrează că în închinare pot participa și credincioșii care au un stil diferit de învățare decât liderul principal. Fiecare gest, melodie, mișcare și ritm, repovestește într-un mod dinamic cum Dumnezeu se relaționează la poporul Lui. Asta nu înseamnă că evanghelicii ar trebui să renunțe la accentul pus pe citirea și interpretarea Bibliei, dar ar trebui să includă și elemente orale care ar putea ajuta la găsirea unui echilibru între diviziunea dintre oralitate și textualitate.

Concluzie

Educația în versiunea română a ortodoxiei răsăritene este bazată pe tradiție și ritualuri repetate; atât preotul, cât și credincioșii sunt prinși în misterul închinării în fața Dumnezeului atotputernic. Folosind metode bazate pe oralitate, care în cea mai mare măsură au rămas aceleași de secole, familiile sunt responsabile să transmită mai departe credința. Creștinii evanghelici, cum sunt și eu, au multe de învățat din practicile ortodoxe, în mod special în ceea ce privește abordarea holistică a procesului de învățarea credinței.

Ceasul bate ora douăsprezece, iar clopotele încep să cânte semnalând începutul duminicii de Paște. Privesc spre vecinul meu ortodox, Sorin. Cu candela ținută strâns în ambele mâini, Sorin așteaptă nerăbdător ca ușile bisericii să se deschidă și preoții să vină să se adreseze mulțimii. Brusc, ușile sunt deschise iar preoții, care cu minute în urmă erau îmbrăcați în negru, pășesc afară în robe albe. Începând de la preot, fiecare lumânare este aprinsă una câte una, luminile strălucind în noapte. După o liturghie scurtă, preotul ne conduce în cântare, repetând același refren pascal:

Hristos a înviat din morți

Cu moartea pe moarte călcând

Și celor din morminte

Viață dăruindu-le.

După acest minunat refren, pe care toată lumea îl știe, preotul începe salutul de Paște, repetându-l de trei ori. Iar mulțimea răspunde de fiecare dată:

Hristos a înviat!

Adevărat a înviat!

CAPITOLUL CINCI:
CREDINCIOȘII DIN CONTEXTE ORTODOXE:
ASCULTÂND ȘI ÎNVĂȚÂND[1]

Cred că stomacul mi-a chiorăit mult prea tare. Preotul ortodox cu care vorbeam împreună cu soția mea și-a terminat propoziția și ne-a invitat în bucătăria mică a mănăstirii ca să ne continuăm conversația la masa de prânz. Eu am rămas fără cuvinte așa că soția mea a acceptat politicos și nu la multă vreme după aceea ne-am continuat discuția servind și o supă de linte și niște pește. Conversația a fost un schimb de replici cordiale despre diferențele dintre teologia ortodoxă și cea protestant-evanghelică; amândoi am fost uimiți de competențele celuilalt în explicarea propriilor tradiții religioase și înțelegerea reciprocă a acestora. Înainte să fie călugăr la celebra mănăstire Putna, părintele Andrei studiase dreptul în București și chiar vizitase multe biserici protestante. Îmi amintesc de acel prânz la distanță de doi ani și o frază spusă de preot mi-a rămas întipărită-n minte: „Apreciez importanța pe care protestanții o dau Bibliei, dar privind la cum românii se

---

[1] Acest eseu a fost publicat inițial în Jurnalul de cercetare „Marea Trimitere" numărul 9 (1), paginile 81-92, sub același titlu.

închinau în acele biserici, aveam impresia că întorceau spatele culturii din care fac parte."

Gândurile părintelui Andrei indică modul în care pentru mulți români trecerea de la ortodoxie la o altă tradiție religioasă implică un anumit grad de transformare culturală. Românii nu se mai comportă și nu se mai închină în același mod, iar rezultatele sunt vizibile în ochii prietenilor și familiei. Considerând definiția științific-socială a lui Harrison și Hunter (2000), „cultura" este suma totală a atitudinilor, valorilor și crezurilor de substrat a unei societăți, realizăm că transformarea practică și mentală ce are loc când o persoană trece de la ortodoxie la evanghelism poate fi considerată una de natură culturală (pag. xv). O astfel de transformare culturală este ceea ce protestanții numesc *convertire*, fiind o decizie fundamental religioasă care afectează sistemele de valori ale persoanei și toate deciziile de viață ce urmează.

Din nefericire, există prea puțină cercetare pe acest subiect, care să exploreze modul în care evanghelicii din România, cu un trecut ortodox au ajuns la decizia convertirii. În cercetarea mea am reușit să găsesc o singură sursă pe acest subiect, dar chiar și aceasta se preocupă mai mult de teologia ortodoxă în cadrul evanghelizării (Spann, 2001). De aceea studiul de față are rolul de a umple acest gol și se bazează pe patru interviuri efectuate cu patru credincioși cu trecut ortodox (CTO). Dar, în primul rând, voi prezenta în linii mari situația ortodoxiei și evanghelismului din România. Apoi, voi delimita cinci teme majore rezultate din aceste patru interviuri semi-structurate pe care le-am avut cu Mihai, Iosif, Mihaela și Diana Iar pentru a păstra anonimitatea acestora, nu am redat numele lor reale. Încheierea va conține un potențial „tabel de verificare pentru evanghelici" pe care bisericile evanghelice îl pot folosi pentru a avea impact în viețile credincioșilor ortodocși.

Ortodoxia și evanghelismul în România

Conform unui sondaj din 2011, România este în proporție de 86% ortodox răsăriteană. O analiză mai detaliată a Institutului național de statistică din România (2013) notează că evanghelicii formează 6% din populație. Dar, acest procent include și grupări religioase precum Martorii lui Iehova sau unitarienii (pag. 4). Ortodoxia în România are tradiție de mii de ani, încă din primele secole după moartea lui Isus. O tradiție îndelungată deci, accentul pus pe aspectul misterios al lui Dumnezeu și dorința bisericii ortodoxe de a activa toate cele cinci simțuri (atingere, gust, văz, auz și miros) aduc slujbelor religioase ortodoxe un grad ridicat de reținere și impact (Fairbairn, 2002). Pe de altă parte, evanghelismul în România are o vechime de doar 500 de ani, prinzând rădăcini la o generație după reforma protestantă începută în Europa centrală în 1517 (Hitchins, 2014). De la început, mișcarea evanghelică a susținut centralitatea autorității Bibliei, de multe ori renunțând la artă și imaginație ca o contra-reacție la excesele catolicismului și ortodoxiei. Dogma evanghelică *sola Scriptura* are ca rezultat, fără urmă de îndoială, predicarea plină de pasiune.

Din punct de vedere teologic, poate cea mai semnificativă diferență dintre ortodoxie și evanghelism este conceptul alegerii personale. Conform doctrinei ortodoxe, o persoană devine creștină prin botez (Academia Ortodoxă Sfântul Atanasie, 1993, pag. 217). Botezul este de cele mai multe ori făcut nou-născuților în biserica ortodoxă. Prin contrast, creștinii evanghelici susțin că oamenii trebuie să fie suficient de maturi ca să poată alege pentru ei înșiși dacă vor să creadă și să fie botezați (Letham, 2007). Totuși, pentru scopul acestui studiu, am decis să nu interacționez cu teologia ortodoxă. Voi face doar câteva mențiuni legate de credința ortodoxă când voi dezvolta temele discuțiilor avute cu persoanele intervievate. Există surse multiple care pot explica diferențele teologice esențiale (Fairbairn, 2002; Letham, 2007). În această analiză sunt preocupat în mod special de diferențele dintre practicile și comportamentul credincioșilor ortodocși și evanghelici, mai exact conjuncția lor cu procesul de convertire.

Un studiu recent efectuat de Fundația Pew clasifică țările ortodoxe din estul Europei drept „credincioși și aparținători, fără practică" (Centrul de cercetare Pew, 2017). Cu alte cuvinte, se pune mai puțină valoare pe trăire conform eticilor ortodox-răsăritene, decât pe credința că afilierea religioasă la ortodoxie îi definește cultural. În esență, acest studiu major oferă date concrete care demonstrează vechea zicală: „Să fii român înseamnă să fii ortodox."

Totuși, după cum vom descoperi din temele regăsite în interviurile efectuate, aplicarea teologiei ortodoxe lipsește printre aderenții ei. O dorință de a trăi moral este în mare parte ce i-a atras inițial pe cei intervievați să îl caute pe Dumnezeu într-o experiență evanghelică a credinței. După cum am menționat deja, convertirea de la o religie majoritară la una minoritară are un cost. Legăturile de familie pentru CTO devin tensionate sau chiar se rup complet, CTO fiind batjocoriți că au renunțat la „românismul" lor pentru o credință minoritară cu influențe vestice.

Întâlniri cu creștinii evanghelici

Înainte de a dezvolta temele principale care s-au născut în cadrul interviurilor efectuate, este de folos să vorbim puțin despre persoanele intervievate. Mai multe detalii vor fi expuse în cele cinci teme ce urmează. Făcând acest lucru limităm descoperirile acestui studiu la o categorie de bărbați și femei cu vârsta între 20 și 35 de ani. De asemenea, pentru protejarea identității celor intervievați, numele lor au fost schimbate.

Mihai are 30 de ani și a devenit creștin evanghelic la 14 ani. Înainte să devină creștin evanghelic, familia lui Mihai mergea rareori la biserică și nu vorbeau despre creștinătate aproape deloc. După ce tatăl său a trecut printr-un proces dramatic de schimbare a stilului de viață dat de convertirea la o religie evanghelică, Mihai a trecut și el prin acel proces, dar nu în același mod dramatic. Deși este introvertit, Mihai acum slujește cu pasiune în echipa de închinare prin muzică din biserică și îi ajută pe alții să găsească moduri în care Evanghelia poate fi prezentată la locul de muncă.

Iosif lucrează pentru organizație evanghelică creștină. Acum având 30 de ani și ceva, Iosif s-a convertit de la ortodoxie la 19 ani printr-un „proces" pe care el în descrie ca având punct de pornire în convertirea surorii lui mai mari. După propria convertire, familia lui a observat imediat schimbarea lui și stilul moral de viață. Deși părinții lui nu s-au convertit, ei l-au încurajat în acest stil de viață. Muncitor și cu multă pasiune pentru evanghelizare și studenții de facultate, Iosif trăiește să îi vadă pe români atinși de mesajul Evangheliei.

Psiholog pentru copiii cu nevoi speciale, Mihaela are 31 de ani și a devenit credincioasă evanghelică în adolescență. Relațiile tensionate cu părinții și foștii iubiți, au definit o traiectorie cu „urcușuri și coborâșuri" până în clipa dedicării totale lui Dumnezeu și expresiei evanghelice a creștinătății. Pasiunea Mihaelei pe lângă terapia copiilor cu nevoi speciale este să ajute femeile care au trecut sau trecut prin relații abuzive.

Ultima persoană intervievată este Diana. Ea are 23 de ani și s-a convertit la creștinismul evanghelic doar cu doi ani în urmă. După moartea bunicului ei cu care Diana a locuit mulți ani, ea și-a găsit liniște în biserică și citirea Bibliei. La fel ca în cazul Mihaelei, părinții Dianei nu înțeleg de ce ea s-a convertit, deși încet-încet au început să accepte această schimbare în stilul de viață al fiicei lor. Până la ora actuală, Diana nu este botezată în credința evanghelică, dar dorește să o facă în curând.

Temele convertirii

După cum am menționat înainte, din interviurile cu Mihai, Iosif, Mihaela și Diana s-au născut cinci teme comune. Aceste teme sunt (1) influența unei persoane apropiate, (2) existența unui interes spiritual, (3) o criză existențială înspăimântătoare, (4) dorința de integrare într-o comunitate și (5) acceptarea familiei. În mare, temele apar în această ordine în narativul convertirii persoanelor intervievate. Vom analiza fiecare temă pe rând.

Tema unu: Influența unei cunoștințe apropiate

Fiecare persoană intervievată susține că un membru al familiei sau un prieten apropiat a avut un rol major în introducerea lor în lumea creștin-evanghelică. Mihai își amintește că după ce tatăl său și-a schimbat locul de muncă, un coleg creștin-evanghelic, care frecventa regulat biserica baptistă locală, l-a invitat pe tatăl său la biserică. După această primă invitație, tatăl lui Mihai a început să meargă regulat la biserica baptistă și treptat a reușit să renunțe la dependența lui de alcool. În România, pentru creștinii evanghelici consumarea alcoolului este considerată tabu. Acest lucru a încântat-o pe mama lui Mihai care s-a confruntat ani de zile cu furia alcoolică a soțului ei. Deci, ea l-a însoțit bucuroasă pe soțul ei la biserica baptistă luându-l și pe Mihai cu ei. Mihai admite amuzat că primele câteva duminici a fost mai mult „târât" la biserică, iar serviciul religios de trei ore îi părea intolerabil.

Pentru Iosif, convertirea evidentă a surorii sale mai mari la creștinismul evanghelic a avut un impact puternic asupra adolescenței lui. Chiar dacă sora lui nu-l obliga să asculte predici despre iad sau damnare eternă, ea îi punea întrebări și îi spunea să citească din Biblie sau alte cărți bazate pe Scriptură. Încet-încet, Iosif a început să citească Biblia și să se gândească la cuvintele surorii lui. La fel ca în cazul lui Mihai, ceea ce l-a afectat în mod evident a fost schimbarea vizibilă al unui membru din familie.

Atât Mihaela, cât și Diana, își amintesc că au luat contact pentru prima dată cu comunitatea evanghelică prin prietenii din copilărie. Pentru Mihaela, bunătatea unor colegi de clasă evanghelici a fost punctul de atracție spre biserica acestora. Diana a fost invitată la biserică de către cea mai bună prietenă a ei, după moartea tragică a bunicului ei. Tot această prietenă a încurajat-o ca în București să își caute o biserică evanghelică pe care să o frecventeze cât timp este în facultate. Deși poveștile lor nu sunt sub nicio formă identice, Mihaela și Diana au o comuniune aparte prin modul similar prin care au ajuns să îl descopere pe Dumnezeu.

Tema doi: existența unui interes spiritual

Fiecare poveste a celor intervievați începe înainte de momentul convertirii lor, fiecare dintre ei demonstrând existența unui interes spiritual uneori chiar din copilărie. Deși familiile celor intervievați nu arătaseră vreun interes special pentru subiectele spirituale sau frecventarea bisericii înafara Crăciunului și Paștelui, cei patru cu care am discutat se gândeau profund la aspecte supranaturale. Mihai mi-a explicat cum participând la orele de religie ortodoxă din şcoală şi uneori la taina spovedaniei la biserica ortodoxă din apropiere, realitatea iadului răsuna în mintea lui. De obicei copiilor li se cerea să îşi mărturisească păcatele preotului, dar Mihai se temea că Dumnezeu avea să îl damneze pentru vreun păcat nemărturisit. „Cu cât creşteam, cu atât eram mai speriat", îşi aduce aminte Mihai cu tristeţe.

    Diana îşi aminteşte, copilă fiind, că şi ea mergea la biserică, din când în când, să-şi mărturisească păcatele, dar atitudinea ei era ceva mai critică legată de spovedanie. Diana a fost mereu interesată de Dumnezeu, dar după clasa a opta a renunţat să mai încerce să-şi dea seama ce înseamnă să trăieşti creştineşte. Acest lucru s-a schimbat bineînţeles când bunicul ei a murit. După o scurtă pauză, Diana a rezumat: „Nu aveam nicio speranţă. Adică, toate emoţiile pe care le adunasem în mine atâţia ani, pur şi simplu au explodat. Mereu îi spuneam prietenei mele că am un gol în mine." Lipsa aceasta de speranţă a condus-o pe prietena Dianei să o invite la biserica evanghelică, unde a început procesul de vindecare al Dianei.

    Iosif şi Mihaela au amintiri puţine legate de mersul la biserica ortodoxă, dar nu alături de părinţii lor. Pentru o perioadă de timp, Mihaela a trăit cu bunica ei şi mergeau mereu împreună la biserica ortodoxă locală. Totuşi, toată viaţa ei, Mihaela a avut impresia că biserica evanghelică te învaţă adevărul şi „fusesem mereu convinsă că într-o zi aveam să mă pocăiesc." În copilărie, Iosif frecventa biserica ortodoxă doar „o dată sau de două ori pe an, de Paşte", dar acasă nu se discuta nimic religios înafară de învățarea „rugăciunii domnești, Tatăl nostru."

Totuși, după ce sora lui Iosif s-a convertit la creștinismul evanghelic, Iosif a intrat într-o perioadă de frământări spirituale lungă de câțiva ani, dorind și el să se convertească.

Tema trei: crize existențiale înspăimântătoare

Pentru câteva clipe, fiecare dintre cei intervievați a rămas tăcut, amintindu-și evenimentul înspăimântător ce a dus în cele din urmă la convertirea lor. Deoarece aceste evenimente reprezintă o mare parte din povestea convertirii lor, voi petrece ceva mai mult timp prezentându-le. Aceste crize existențiale pot fi considerate „crescendo-ul" transformărilor.

După ce a frecventat biserica baptistă câteva luni de zile, Mihai a fost invitat într-o tabără creștină. Încântat, cu un zâmbet pe față, Mihai îmi povestește de corturile uriașe în care erau cazați participanții, de terenurile de fotbal pe iarbă și cele de volei. „Totul mi-a părut ciudat la început," spune Mihai. „Ne rugam înainte de fiecare masă, cântam cântece ciudate. Dar cred că deja începeam să mă obișnuiesc cu ele." Tabăra de o săptămână a culminat cu o seară furtunoasă în care predicatorul din tabără a vorbit de moartea lui Hristos pentru păcatele oamenilor, ca să îi scape de Iad. „Știam asta. Nu puteam face nimic în privința asta", mi-a spus

Mihai. „Dar apoi, predicatorul a vorbit despre o relație personală cu Dumnezeu, că poți vorbi cu El, că îi poți cere să îți ierte păcatele și că asta e tot ce trebuie să facem. Să credem că El poate și ne va ierta păcatele. Asta e tot." Deci când a venit momentul chemării, iar grupul a fost întrebat cine vrea să facă acest pas, Mihai a luat imediat decizia. Temerile lui Mihai legate de un iad inevitabil s-au disipat instant. Mihai adaugă că imediat furtuna a încetat și norii s-au dat la o parte, „era ca și când natura a fost răscumpărată. Foarte simbolic."

Și Iosif a fost într-o tabără creștin-evanghelică în liceu, dar, deși îi făcea plăcere distracția fără înjurături, el voia „să fie liber și să vadă lumea." După ce s-a luptat ani de zile cu lucrurile pe care le declara Biblia și adevărurile din spusele surorii lui, toată frământarea lui și-a găsit răspuns în primul an de facultate.

Lui Iosif îi plăceau întâlnirile de studenți ale unei organizații creștine, dar imediat ce acestea se încheiau, de multe ori, el mergea direct la petreceri și la o beție cu prietenii lui. Însă, la un moment dat, unul dintre prietenii lui Iosif a fost bătut atât de tare că a ajuns în spital. După ce a ieșit, prietenul acesta a reacționat, iar Iosif a fost prins la mijloc într-o bătaie dintre prietenii lui și niște studenți dintr-un an superior. Într-o noapte, niște „tipi înspăimântători" au venit să îl caute pe Iosif și să îi dea o bătaie zdravănă, crezând că făcuse parte din grupul care îi atacase înainte. „Acela a fost momentul în care m-am temut pentru viața mea," spune Iosif. „M-am uitat la viața mea și mi-am dat seama că sunt dezastru pe interior... Într-un sens am fost smerit prin acea situație și cred că acela a fost momentul în care am zis că vreau cu adevărat să îl urmez pe Dumnezeu cu toată inima mea." Iosif a renunțat la alcool și a devenit mai implicat în cadrul campusului cu organizația creștină, găsind fericire în noua lui viață.

Evenimentul „înfricoșător" din viața Mihaelei a avut loc după o serie de relații dure cu bărbați abuzivi. Unul dintre foștii ei iubiți părea a fi un creștin ortodox foarte credincios, arătând interes chiar și față de fixația Mihaelei pentru creștinismul evanghelic. Dar curând a devenit evident că prietenul ei avea probleme psihologice. La un moment dat a amenințat-o că avea să se sinucidă. De trei ori Mihaela i-a cerut lui Dumnezeu să îi arate un semn dacă trebuie să se despartă de el și după ce Dumnezeu i-a răspuns cu precizie la semnele cerute, ea a făcut pasul. „A fost dificil deoarece mă simțeam vinovată înaintea lui Dumnezeu și credeam că Dumnezeu mă pedepsea pentru că nu îl ajutam pe prietenul meu," mi-a spus în șoaptă Mihaela. În cele din urmă, după ore petrecute în studiu biblic cu prieteni creștini evanghelici, dar și personal, Mihaela susține cu bucurie: „mi-am revenit complet". După cum am menționat anterior, Mihaela și-a găsit scopul în Împărăția lui Dumnezeu ajutând alte femei să scape de un trecut similar cu al ei.

Viața Dianei a fost răsturnată cu susul în jos când bunicul ei a decedat. Diana a locuit și a trăit cu bunicul ei în aceeași acasă și crede că moartea lui l-a pus pe o traiectorie cu direcția Isus. Diana rememorează momentul în care a intrat pentru prima dată în biserica prietenei ei: „am simțit o pace în interiorul meu. De parcă povara durerii de pe umerii mei pur şi simplu a dispărut. Iar apoi, în cele din urmă, m-a simţit fericită şi plină de viaţă. Înainte de acel moment nu simţeam că trăiesc, mă simţeam mai mult ca un robot." Diana a început să citească regulat din Biblie cu o dorinţă arzătoare. A început să meargă la acea biserică evanghelică în fiecare duminică, unde ea continuă să crească în devoţiune faţă de nou-descoperita ei credinţă.

Tema patru: dorinţa de integrare într-o comunitate

Un alt fir comun în povestea convertirilor celor intervievaţi este dorinţa puternică de a fi parte dintr-o comunitate credincioasă. După fiecare experienţă a convertirii, a fost evident pentru ei că trebuie să fie înconjuraţi de oameni care au aceleaşi valori. Poate cele mai impresionante exemple sunt cele ale Mihaelei şi ale lui Iosif.

După ce a participat într-o tabără creştină în liceu, văzând tineri şi tinere care erau sinceri în credinţa lor, Iosif şi-a spus „da, poate vreau să încerc şi eu asta". Mai mult, Iosif a continuat să frecventeze întâlnirile de rugăciune ale unei organizaţii creştine din campus, participând la evenimentele lor şi bucurându-se de atmosfera plăcută pe care nu o găsea nicăieri altundeva.

Mihaela mi-a mărturisit că revenea mereu la o biserică evanghelică după fiecare experienţă dură şi umilitoare. În tinereţea ei, părinţii au împiedicat-o să meargă la o biserică evanghelică sub ameninţarea că aveau să o dea afară din casă. Acum, Mihaela este dedicată bisericii evanghelice din care face parte și prietenilor ei de acolo.

Tema cinci: acceptarea imediată de către familie

Botezul într-o biserică evanghelică reprezintă o ruptură majoră față de fundamentul ortodox al unei persoane. De aceea este interesant de observat că familiile fiecărui dintre cei interviavați au ajuns treptat să le accepte noua identitate. Este posibil ca părinții să nu înțeleagă decizia de convertire complet, cu atât mai puțin să o urmeze, dar au ajuns să aprecieze efectul pozitiv pe care această convertire l-a avut. Bineînțeles, în cazul lui Mihai, convertirea părinților a jucat un rol important în propria convertire, ei alăturându-se bisericii evanghelice aproximativ în același timp. Dar rudeniile ortodoxe ale lui Mihai nu au înțeles neapărat motivul acestei schimbări, dar cu siguranță au observat acțiunile familiei lui Mihai. De exemplu, tatăl lui Mihai a renunțat la alcool, deseori se roagă la masă la întâlnirile cu familia extinsă și îi place să vorbească despre credința creștină.

Schimbarea dramatică din viața lui Iosif, ca rezultat al convertirii lui i-au dat un motiv puternic de gândire părinților lui. Iosif își amintește cum, deși părinții lui nu mergeau la biserică, mama lui era atât de încântată că a renunțat la beții și l-a stilul exorbitant de viață încât de multe ori îl trezea duminica dimineața să meargă la biserică, ca nu cumva să întârzie. Tatăl lui Iosif, care nu fusese niciodată într-o biserică evanghelică a venit la botezul lui Iosif. Bineînțeles, sora mai mare a lui Iosif a fost o încurajare pentru el la fiecare pas. Chiar și azi, familia lui Iosif și a surorii lui frecventează aceeași biserică și sunt apropiați.

Nici părinții Mihaelei nu sunt credincioși evanghelici, dar sunt uimiți de modul în care viața Mihaelei s-a schimbat. De la o persoană ce trăia în frică, împovărată de vină și în relații abuzive la o femeie creștină plină de siguranță de sine, cu o inteligență impecabilă. Ambii părinți sunt foarte mândri de fiica lor. Din păcate, tatăl Mihaelei încă se luptă cu dependența de alcool, iar mama ei nu vrea să aibă de-a face nimic cu creștinismul. Chiar dacă a trebuit să facă o călătorie de câteva ore cu trenul, tatăl Mihaelei a participat la botezul ei atât din dragoste pentru fiica ei, cât și o fascinație pentru noua ei viață.

Ca în cazul Mihaelei, părinții Dianei nu arată prea mult interes pentru creștinismul evanghelic. De fiecare dată când Diana se întoarce în orașul ei natal în vacanțele de la facultate știe că credința ei va fi luată la întrebări. Diana povestește că „au început, într-un fel, să accepte că merg acolo [la o biserică evanghelică]... îmi spun că sunt diferită. Că nu sunt eu. Iar eu le spun că sunt tot eu. Da, modul în care gândesc și mă comport este diferit de cel de dinainte. Acum știu mai bine ce cred."

Ca rezumat pentru această secțiune, câteva concluzii sunt evidente. (1) Cunoscuții, în special membrii familiei influențează într-un mod major convertirea CTO. (2) CTO intervievați aveau în prealabil un interes ridicat față de problemele spirituale. (3) Crizele existențiale au condus la decizia convertirii. (4) Exista o dorință puternică pentru o comunitate care să ia în serios chemarea la o viață trăită etic. (5) Acceptarea familiei, bazată pe schimbările pozitive din stilul de viață, îi ajută pe CTO deoarece nu trebuie să se confrunte cu o separare totală de familie.

Un tabel potențial pentru evanghelizare

Bazându-mă pe temele comune extrase din cele patru interviuri cu CTO, propun următorul „tabel de evanghelism". Ideal, tabelul ar putea fi folosit de bisericile evanghelice și organizațiile cu scop misional. Tabelul pentru evanghelizare are ca fundație două versete cheie din Biblie (1 Petru 3:15, 2 Corinteni 2:15) care susțin atât nevoia pentru evanghelizare verbală, dar și practică creștină etică. Fiecare element va fi explicat în continuare.

Tabel de evanghelizare reproductibil pentru majoritatea ortodoxă din România

	Slab	Bun	Foarte bun
Relațiile mele cu vecinii ortodocși			
Serviciile religioase de închinare centrate pe Biblie			
Cunoașterea evangheliei			
Abilitatea de a articula evanghelia/propria mărturie fără utilizarea unui vocabular bisericesc			
Construirea unei atmosfere lipsită de prejudecăți			
Activități misionale plăcute			
Relații transparente			
Trăire etică printre membrii bisericii			

Evanghelizarea verbală (cuvinte)

"Ci sfințiți-L în inimile voastre pe Cristos *ca* Domn, fiind întotdeauna pregătiți să răspundeți oricui vă întreabă despre rațiunea speranței care este în voi" 1 Petru 3:15, NTR

Trăirea etică (fapte)

"Căci, pentru Dumnezeu, noi suntem mireasma lui Cristos printre cei ce sunt mântuiți și printre cei ce pier" 2 Corinteni 2:15, NTR

Realitatea duală este că evanghelizarea verbală trebuie să fie confirmată de o trăire creștină etică (Litfin, 2012). Bazându-ne pe acest lucru, bisericile și organizațiile creștine care vor să ducă Evanghelia la o populație ortodoxă pot utiliza tabelul acesta ca un sistem de evaluare al practicilor. Liderii ar trebui să se întrebe dacă membrii bisericii au o mărturie solidă în ambele realități, trecând în revistă cele opt elemente ale tabelului. Totuși, înainte de a oferi o descriere scurtă a fiecărui element, trebuie să notez că această listă nu este sub nicio formă exhaustivă; elementele nu sunt înșirate într-o ordine specifică a importanței lor. Tabelul vine ca răspuns la aceste interviuri și ar trebui adaptat odată cu realizarea altor cercetări.

Pornind de sus în jos, bisericile ar trebui să evalueze gradul în care membrii lor *trăiesc etic* conform Scripturii. Fiecare persoană intervievată în acest studiu a menționat faptul că a descoperit un nivel etic ridicat în trăirea celor din bisericile evanghelice pe care le-au vizitat, ceea ce a constituit și un motiv de atracție. *Relațiile transparente* se referă la măsura în care membrii bisericii sunt dispuși să își deschidă viața față de alții. Dorința pentru o comunitate autentică, credincioasă i-a condus pe CTO să caute o biserică evanghelică. În special generațiile tinere, precum cei intervievați, tânjesc după comunități care nu sunt pline cu „creștini profesioniști", dar care sunt formate din bărbați, femei și copii gata să învețe și să crească împreună.

Atât Mihai, cât și Iosif, poziționează taberele evanghelice în centrul călătoriei lor de convertire.

Bisericile și organizațiile evanghelice ar trebui să dezvolte și alte *activități plăcute misionale*, în care atât persoanele introvertite, cât și cele extrovertite, tineri sau bătrâni se pot distra într-un context lipsit de vulgarități, care este atractiv chiar și pentru ne-evanghelici. La fel, bisericile evanghelice ar trebui să dezvolte *o atmosferă lipsită de prejudecăți* în care toate categoriile de persoane să se simtă binevenite și confortabile. În corelație cu atmosfera este și abilitatea membrilor bisericii de a folosi un *limbaj nebisericesc* când interacționează cu persoanele ne-evanghelice, contribuind astfel la starea acestora de confort și eliminând conversațiile stânjenitoare de genul: apartinător versus non-apartinător. Cei din afara contextului evanghelic găsesc confuze comunicarea evangheliei și mărturia unei convertiri datorită „limbajului de apartinător" a bisericii evanghelice. Este regretabil, dar discuțiile „bisericești" i-au stânjenit pentru o perioadă pe Mihai și Iosif când au început să ia contact cu biserica evanghelică.

În continuare în tabel este elementul *cunoașterii Evangheliei*, care se referă la abilitatea unei persoane de a ști și de a articula mesajul transformator al lui Isus Hristos. Predicarea ar trebui să fie astfel încât membrii bisericii să poată reproduce în propriile lor cuvinte ceea ce a fost expus duminica, astfel încât și cei din afara comunității evanghelice să poată auzi și să fie mântuiți. De exemplu, fiecare persoană intervievată a fost uimită inițial de simplitatea credinței în sacrificiul lui Hristos care acoperă odată pentru totdeauna toate păcatele noastre, de aceea iertarea completă ar trebui să fie unul din subiectele accentuate. După cum spune Mihai: „E ca și când ești în școală și știi că la finalul cursurilor te așteaptă un bătăuș și nu ai cum să îl eviți. Dar la un moment dat vine un tip și mai mare care îl poate bate pe bătăuș." *Serviciile de închinare biblice* trebuie să fie exact asta: centrate pe Scriptură și nu un spectacol care să atragă cât mai mulți oameni posibil. Cuvântul lui Dumnezeu este cel care atinge inimile oamenilor, după cum au demonstrat și mărturiile celor intervievați.

În cele din urmă, dacă o biserică evanghelică dorește să își mărească impactul în rândul credincioșilor ortodocși, liderii acelei biserici trebuie să încurajeze și să păstreze ei înșiși *relații cu vecinii ortodocși*. Datorită colegilor tatălui lui Mihai, a surorii lui Iosif și a colegelor Mihaelei și a prietenei Dianei, datorită lor procesul de convertire la creștinismul evanghelic a început. Acești credincioși au fost dispuși să se implice personal în viețile prietenilor și familiilor lor ortodoxe, ca aceștia să poată observa îndeaproape cum își trăiesc credința. Creștinii evanghelici ar trebui să țină minte, după cum spune Van de Poll& Appleton (2015) că „oamenii au nevoie de timp ca să descopere ce înseamnă credința creștină pentru viața lor" (pag. 5).

Propun acest tabel ca evaluare pentru liderii bisericilor și organizațiilor creștine atât la nivel personal, cât și la nivel de comunitate. Din nou, menționez că nu este o listă exhaustivă. Totuși, folosirea acestui tabel poate fi un prim pas în înțelegerea zonelor pe care liderii ar trebui să se concentreze dacă obiectivul este cu adevărat un impact mai mare printre credincioșii ortodocși.

Concluzie

Intervievarea prietenilor mei CTO nu a fost o povară pentru mine. În fapt, este o onoare să aștern în scris povestea convertirii lor. Datorită contextului lor trecut unic în tradiția ortodoxă, CTO se află în poziția potrivită să îi asiste pe creștinii evanghelici în înțelegerea modurilor în care pot avea impact, dacă liderii își fac timp să asculte. Această lucrare poate fi considerată un „prim pas" în această direcție.

Revenind la experiența mea de la Mănăstirea Putna, călugărul ortodox cu care am luat prânzul susținea că renunțarea la ortodoxie însemna să îți schimbi cultura. În acest sens, convertirea este un schimb de valori, crezuri și presupuneri, iar călugărul are dreptate. Dar CTO nu văd lucrurile așa. Ei sunt în continuare români, cu o limbă și o moștenire comună la fel ca orice român ortodox. Totuși, după cum spune Diana, „Sunt tot eu. Da, modul în care gândesc și mă comport este diferit cel dinainte. Dar acum știu ce cred." Ceea ce s-a schimbat este convertirea; trecerea pe care evanghelicii o denumesc biblic „naștere din nou."

CAPITOLUL ȘASE: ONOARE ȘI RUȘINE: CURENTE INTERSECTATE ÎN CULTURA ROMÂNEASCĂ[2]

Huiduielile au început când mai erau douăzeci de minute rămase. Niciodată în viața mea nu am mai văzut o echipă huiduită și batjocorită la ea acasă. Naționala României de fotbal a avut o primă repriză incredibilă, dirijând echipa Finlandei după propriul chef, iar stadionul fremăta de entuziasm. Totuși, la doar câteva minute de la începerea celei de-a doua reprize, finlandezii au înscris și entuziasmul galeriei s-a transformat repede în descurajare. Bazându-ne pe experiența meciurilor din Statele Unite, prietenii mei și cu mine, ne-am așteptat ca mulțimea să erupă în strigăte de încurajare pentru echipa națională. În schimb, mii de români nemulțumiți au început să huiduiască și să se îndrepte spre ieșire. Șocați și demoralizați, ne-am uitat în tăcere la echipa României care avea întristarea întipărită pe chip, în timp ce mulțimea părăsea stadionul. Compatrioții le-au întors

---

[2] Acest eseu a fost publicat inițial sub titlul „Onoare și rușine: curente intersectate în cultura românească, în cadrul *Jurnalului Teologic*, *14*(2), 95-123.

spatele, renunțând la ei chiar dacă mai erau minute rămase în joc. Comoția a devenit din ce în ce mai evidentă cu cât ceasul de joc se apropia de finalul celei de-a doua reprize. În mod miraculos, românii au înscris în ultimele secunde și au recâștigat favorul pierdut al fanilor. Discutând cu câțiva prieteni români despre această întâmplare neobișnuită, am aflat că metode precum acestea, de rușinare a oamenilor, sunt norma. Într-adevăr, și colegii mei români au fost surprinși să afle că americanii nu utilizează aceste tactici de rușinare la evenimente sportive precum acestea.

Deși, în general nu sunt văzuți în această lumină, românii demonstrează o serie de indicatori ai unei culturi bazate pe onoare și rușine. De fapt, în cultura română se pune un accent mai puternic pe rușine decât pe onoare. O analiză care ia în considerare aceste aspecte este de folos oricui care lucrează cu români la orice nivel. În cele ce urmează, voi schița elementele constituitoare ale perspectivei asupra lumii, bazate pe onoare și rușine. Apoi, voi analiza câteva domenii din cultura românească în care aceste tendințe sunt prezente, intersectând povești personale și mărturii de la români. Voi concluziona oferind câteva modalități în care aceste valori pot fi definite în termenii unei viziuni românești asupra lumii.

Onoarea și rușineasca sistem de valori

Antropologii culturali adeseori asociază anumite regiuni ale lumii cu un anumit sistem de valori. Două categorii mari sunt acceptate în discuția ce privește o anumită cultură și valorile specifice asociate ei:

individualismul și colectivismul (Livermore, 2009, 123). Culturile individualiste consideră indivizii capabili să ia decizii pentru ei și să își asume consecințele. Alegerile sunt făcute deoarece scopul ultim pare dezirabil pentru individul care ia decizia. Conceptele de bine și rău izvorăsc din conștiința individului și felul în care acesta înțelege moralitatea. Într-o societate individualistă, rezultatele considerate bune sau rele de către mase sunt o reflecție a indivizilor care iau propriile decizii pentru a-și forma propriul drum în lume. Cel mai evident individualiste culturi sunt, în general, cele din vestul global.

Termenul compus, din perspectivă antropologică ce indică un sistem de valori cultural-individualist este nevinovăție și vină (NV). Din punct de vedere psihologic, persoanele individualiste se văd pe sine intrinsec separate de deciziile pe care trebuie să le ia. Deciziile bune vor avea ca rezultat răsplăți favorabile pentru individ. De exemplu, eu scriu această lucrare deoarece am ales să urmez anumite cursuri, să le duc la finalizare și să obțin o notă bună. Nu mă preocupă situația colegilor mei de curs, dacă își termină sau nu lucrările pentru că acest fapt nu reflectă performanța mea sub nicio formă. Dacă unii dintre colegii mei primesc note slabe, nu este vina mea. *Ei sunt cei care nu au făcut ce trebuiau să facă. Eu sunt nevinovat.* Această linie de gândire este foarte individualistă și indică contextul american în care am crescut.

Pe de altă parte, majoritatea culturilor lumii sunt colectiviste. Într-o cultură colectivistă, opinia grupului este vitală pentru luarea deciziilor și împărțirea resurselor. Richards și O'Brien (2012) ne ajută să înțelegem că, în primul rând, culturile colectiviste sunt preocupate de păstrarea armoniei comune și regăsirea identității în cadrul comunității mai mari (pag. 97). În contrast cu paradigma NV, culturile din Orientul apropiat și depărtat tind spre un sistem de onoare și rușine (OR). Wu (2012) descrie cum această realitate se bazează pe abilitățile membrilor unui grup să se conformeze la un set de standarde. Dacă bărbații și femeile se conformează la standardele grupului, ei vor fi răsplătiți arătându-li-se o extra apreciere în fața celorlalți. Această idee de atribuire de valoare și aprecieri unei persoane pentru că a respectat un set de valori al comunității este definită drept „onoare". În același fel, lipsa conformării rezultă în dispreț public a membrilor grupului, iar termenul folosit este „rușine" (Wu, 2012, pag. 148-151). Rușinea în ochii unei comunități are implicații mult mai profunde decât înțeleg majoritatea vesticilor.

Din nou, diferența majoră gravitează în jurul cui este capabil să facă judecăți de valoare: membrii înșiși sau întregul grup? Dacă o persoană dintr-o cultură cu o paradigmă NV este concediată ceilalți ar putea răspunde: „A făcut doar lucruri rele. O să-i fie învățătură de minte". Dar dacă acea persoană provine dintr-un sistem OR răspunsul va fi cel mai probabil ceva de genul: „A făcut acele lucruri pentru că este o persoană rea". În mod evident, fiecare scenariu generează un tip de rezultate în cadrul comunității persoanei concediate. NV vede persoana separată de alegerile ei; OR spune că cele două aspecte sunt intrinsec conectate. NV este despre *a face* lucrul corect conform codurile scrise; OR este despre *a fi* cine trebuie conform standardelor definite de societate.

Bineînțeles, nimeni nu poate fi altcineva decât el însuși sau ea însăși. Fiecare individ trebuie să acționeze conform modului în care dorește să fie răsplătit. În culturile OR, onoarea acționează ca monedă de circulație ce este distribuită în mod public celor care o merită. La fel cum banii sunt un bun limitat, doar anumite cantități de onoare sunt disponibile. O persoană trebuie să muncească pentru a-și păstra onoarea, ceea ce înseamnă că relația lor cu cei din jur este în joc în fiecare zi. Eșecul cuiva de a se ridica la standardele celorlalți rezultă în rușine, iar acest fapt îl face pe cel rușinat să aproprieze perspectivele societății. Flanders (2011) notează: „De aceea, semnul distinctiv al unei culturi a rușinii este dependența de ce gândesc ceilalți" (pag. 58). Mai mult, proiecția publică a sinelui este denumită „fațadă", iar în această lume a „fațadelor" membrii sunt onorați sau rușinați. Fiecare conversație este văzută ca o oportunitate de a demonstra onoare sau dezonoare.

Să revenim foarte scurt la exemplul oferit mai sus, referitor la lucrarea mea. După cum am menționat, deoarece tind spre o viziune a lumii influențată de paradigma NV, nu simt nevoia să fiu preocupat de gândurile colegilor mei. Mă pun la computer gândindu-mă „Voi scrie o lucrare bună pentru că vreau o notă bună." Sigur, aș putea fi interesat de ce note iau colegii mei, dar acest lucru s-ar întâmpla după ce faptul a fost împlinit. Totuși, pentru studenții asiatici din clasa mea, se întâmplă mai multe lucruri decât realizăm. Dacă nu vor lua o notă bună relația lor cu profesorul sau universitatea poate fi afectată, încrederea în sine se poate degrada, iar valoare lor în fața colegilor și familiei poate fi percepută în scădere. Fiecare element al procesului, de la prezența la ore până la nota finală, reprezintă o evaluare realizată de întreaga comunitate. De aceea, pentru studenții care gândesc intrinsec în termeni OR prețul pentru incompetență publică este mult prea mare. O astfel de rușine produce inevitabil ecouri ce îi pot afecta pentru perioade mai lungi și în moduri mai profunde decât credem că este posibil.

Culturile ce tind spre o paradigmă în termeni de onoare și rușine, atribuie profunzime modului în care acțiunile persoanelor vor fi percepute de cei din jur. Presiunea societății se regăsește în toate aspectele vieții și comportamentului care trebuie să se desfășoare într-un anumit mod. Nu există „lupi singuratici", nu se poate ca o persoană să își urmeze propriul drum și să își asume responsabilitatea pentru acțiunile sale. Totuși, în niciun caz o astfel de mentalitate nu trebuie considerată greșită din punct de vedere moral; este pur și simplu un fapt dat. Într-adevăr, este o abordare sănătoasă să consideri că acțiunile tale îi afectează pe alții. Flanders (2011) face următoarea observație pe bună dreptate: „Să încerci să renunți la fațadă este ca și cum ai încerca să renunți la ADN-ul uman, sau la noțiunea de eu din gândirea umană. Să fii om este să ai o fațadă și să te implici în „construirea" unei fațade" (pag. 84). Până la un punct, fiecare este implicat într-un joc social. De aceea, concluzia pe care o putem trage este că în realitate culturile nu pot fi separate strict în societăți individualiste de tipul NV versus societăți colectiviste de tipul OR. Cel mai bine privim culturile pe o linie continuă între cele două categorii.

Unde se află România pe această linie? În continuare voi argumenta că România se găsește mai aproape de capătul OR al acestei linii. După cum am menționat mai sus, această lucrare va aborda diferite unghiuri. Însă, înainte de a face acest lucru, se impun câteva cuvinte despre istoria României.

România pe scurt

România, o națiune est-europeană, este în schimbare rapidă. Având descendență din poporul roman și chiar din triburile dacice, cultura românească este mereu prinsă la mijloc între atracția vestică spre modernitate și cea estică spre tradiție. La mijlocul secolului XIX, naționaliștii au reușit să creeze o Românie unită condusă de o monarhie constituțională care a rezistat până în cel de-al Doilea război mondial. La sfârșitul celui de-al Doilea război mondial, partidul comunist din România a devenit suficient de puternic încât să îl detroneze pe rege și să stabilească o conducere socialistă. Astfel au început cei patruzeci de ani de comunism ai României, din care majoritatea au fost sub autoritate dictatorială a liderilor partidului. Când vântul libertății a început să bată în Europa de Est, în 1989, strânsoarea cu care liderul comunist Nicolae Ceaușescu ținea România a fost în sfârșit distrusă printr-o revoluție sângeroasă. Acum, 29 de ani mai târziu, România continuă drumul spre autocunoaștere vâslind printre valurile de corupție, rămășite ale comunismului și succesorilor săi.

Istoria nu a fost blândă cu românii. Situată la intersecția dintre Europa și Asia centrală, mare parte din istoria României vorbește despre războaie cu rușii în nord și turcii în sud. Aioanei notează: „Blestemul istoric al României este că se află pe un pământ al dominației inevitabile și interferențelor permanente din partea forțelor politice internaționale aflate în contradicție" (pag. 707). Cu bune și rele, aceasta este istoria României. Deși această temă va fi explorată în detaliu mai jos este suficient să menționăm că România a făcut pași mari în direcția mândriei culturale după instalarea monarhiei. Totuși, acești pași au fost curând opriți. Conducerea comunistă a demontat orice mândrie civică dezvoltată înainte de cel de-al Doilea război mondial. Istoricul român Djuvara comentează: „Cea mai tragică consecință a acelei jumătăți de secol este că ne-a distrus *sufletul*... O moralitate mânjită este mai greu de reparat decât o fabrică veche" (pag. 342-343, sublinierea îi aparține). Pentru români, întrebarea unde să găsim speranță? nu are un răspuns ușor. Hitchins (2014) susține cu convingere că această întrebare continuă să domine și să chinuiască istoria României.

Trebuie să notăm și câteva lucruri despre cum România modernă se schimbă de la o zi la alta. Deși românii, după 1989, au ales constant președinți care au deținut poziții în cadrul partidului comunist, vremurile s-au schimbat. Totuși, fiecare președinte a eșuat să atace pe deplin problema corupției în cadrul nivelelor de conducere ale societății. Dar acest lucru se schimbă.

În a doua parte a anului 2014, Românii au ales un președinte nou, care nu este parte din mașinăria politică a Bucureștiului. Românii care până nu de mult considerau că au vocea prea slabă să fie auziți prin curaj. Valori românești cu tradiție sunt discutate și puse sub semnul întrebării. Pentru un observator perspicace, România trece printr-o perioadă cu adevărat semnificativă.

După această scurtă introducere în istoria și starea actuală a României voi continua să analizez câteva puncte centrale în care conversații pe tema OR ne pot ajuta să descoperim realități culturale. Specific, voi privi la modul în care paradigma OR se regăsește în limbajul românilor, în tiparele educaționale, în conceptul de încredere și stereotipurile rroma. În cele din urmă, folosind materialele interviurilor realizate voi construi o schiță a unui roman onorabil, respectiv făcut de rușine și motivele aferente fiecărei categorii.

Puncte centrale în paradigma OR în România

1. Limbajul

Fără urmă de îndoială limbajul relevă multe lucruri despre un grup de oameni. Folosirea pozitivă a unor cuvinte construiesc concepte filosofice, proză uimitoare și versuri elegante care transmit o descriere enigmatică a unei culturi în plină dezvoltare. Modul negativ în care cuvintele sunt utilizate pot să sfâșie suflete, să aprindă o pasiune războinică și să dărâme ambiții. Aceasta este puterea cuvintelor în orice limbă și aceasta este puterea cuvintelor și în limba română.

Limba română este o limbă frumoasă înrădăcinată în latină și slavonă (Hitchins, 2014, pag. 19). Spre deosebire de engleză, toate verbele românești sunt conjugate în funcție de context și persoana care vorbește, în principal pentru că verbele la persoana a doua singular și plural pot fi folosite atât formal, cât și informal. Din păcate, acest lucru nu este la fel de ușor pe cât pare. Vorbitorul trebuie să știe când este potrivit să se adreseze audienței lui într-un mod formal sau informal. Pe scurt, vorbitorul trebuie să fie conștient de statutul receptorului, fie el asumat (nemuncit) sau câștigat (muncit). Verbele informale la persoana a doua singular sunt folosite când vorbești cu cineva de aceeași vârstă cu tine sau mai tânăr (statut nemuncit), educație similară sau statut politic similar sau mai mic (statut muncit), sau oridecâteori adulții se adresează copiilor sau animalelor. Verbele la persoana a doua plural sunt folosite când există roluri inversate, când cel căruia i te adresezi este mai în vârstă, are mai multă educație decât tine sau deține o poziție mai înaltă, sau în cazul în care vrei să păstrezi o distanță respectuoasă față de cealaltă persoană. În acest mod, românii știu instinctiv când este cazul să îi onoreze, să le arate respect celorlalți.

Drept exemplu, voi folosi prima mea experiență ca profesor suplinitor la seminarul teologic baptist din București. Majoritatea studenților de la seminar se descurcau foarte bine în engleză, câțiva însă nu puteau urmări un curs întreg prezentat în engleză așa că am folosit limba română. Deoarece câțiva studenți erau mai în vârstă decât mine am ales să folosesc formele formale

ale verbelor când vorbeam direct cu ei. Au fost vizibili surprinși și au insistat să folosească același gen de formalitate când mi se adresau în răspuns. Abia mai târziu am realizat că acest lucru se datora rolului meu de profesor, fie el și pentru o singură zi, chiar în ciuda faptului că eram mai tânăr decât ei. Între timp mi s-a comunicat că unii profesori români predau folosind adresări formale când interacționează cu studenții, deși asta se întâmplă destul de rar și transmite ideea că profesorul vrea să crească distanța de putere dintre el și student.

Că să mergem puțin mai departe în această analiză este de folos să luăm în considerare câteva descoperiri ale grupului de cercetări culturale cunoscut drept Centrul Hofstede. Deși pe website-ul lor sunt prezentate mai multe aspecte, în cazul de față vom lua în considerare doar comparațiile dintre individualism și distanță față de putere, datorită importanței pe care acestea le au în tratarea subiectului OR:

Figura 1. Orientarea valorilor Statelor Unite în comparație cu cea a României.

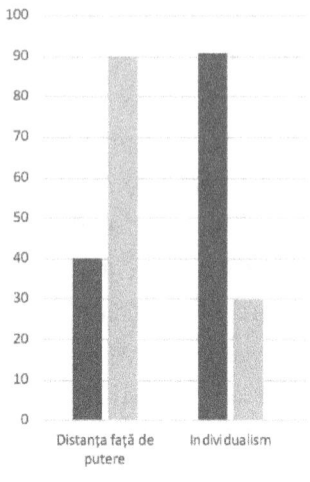

Sursa: Centrul Hofstede. Statele Unite în comparație cu România. Preluat de pe: http://geert-hofstede.com/united-states.html (accesat pe 11 Noiembrie, 2015).

    Privind valoarea distanței de putere din graficul de mai sus observăm că România se află foarte sus în comparație cu Statele Unite. Distanța față de putere se referă la gradul în care indivizii și organizațiile acceptă diferențele de statut, în special din perspectiva membrilor cu un statut social scăzut (Hofstede et. al., 2010). Culturile cu distanță de putere mare acceptă inegalitatea ca o stare de fapt, în timp ce culturile cu o distanță de putere mică preferă egalitarismul (pag. 61). Românii sunt mai confortabili cu faptul că există inegalitate între membrii societății. O recunoaștere aparte este arătată față de indivizii care au obținut diplome, titluri sau poziții sociale sau sunt în vârstă. Limba română întărește această mentalitate prin conjugările specifice ale verbelor pentru persoanele cu un statut social mai ridicat sau persoanele înaintate în vârstă. Limbajul obișnuit perpetuează paradigma de distanță de putere în cultura românească.

După cum am putut observa, tiparul de gândire OR este în directă legătură cu modul în care este amenințată sau întărită poziția unei persoane pe baza acțiunilor celorlalți. Românii își „salvează obrazul" și arată respect în mare parte prin interacțiunile lor lingvistice. Rușinea rezultă când statutul ierarhic al unei persoane nu este respectat. Scos în fața egalilor săi, cel în cauză este dezonorat, iar pedeapsa este pe măsura vinei lui. Despre aceste tactici de rușinare vom vorbi ceva mai încolo.

2. Educația

Al doilea domeniu de explorare este stilul tradițional de educație în România. Filosofi educaționali descriu modul în care sistemul de învățare comunică la fel de mult, dacă nu chiar mai mult decât materia ce trebuie învățată. Istoric vorbind, educația în România folosește rușinea pentru a-și impune normele. În sala de clasă tradițională românească, învățarea este direcționată de profesor și se bazează în mare parte pe memorizare în loc de analiză (Marga, 2002; Kállay, 2012; Ciobanu, 2012). Studenții știu că nu este treaba lor să pună la îndoială ideile profesorilor. Acest lucru ar echivala cu o rebeliune. Iar răzvrătirea împotriva sistemului aduce cu sine rușine. După cum am observat în exemplul dat mai sus, în prima mea experiență ca profesor suplinitor, românii tind să păstreze normele în ceea ce privește statutul și rolul fiecăruia. Bineînțeles că există excepții, dar nu suficient de multe ca să aibă o consecință.

Dacă pentru a găsi proverbe care fac referire la onoare trebuie să cauți mult pentru a găsi ceva, când vine vorba despre rușine literatura română a produs câteva proverbe memorabile. Un astfel de proverb care este folosit adeseori este: *Rușinea e mai dureroasă decât sabia*. Cu alte cuvinte, pedeapsa ce aduce rușine este mai dureroasă și durează mai mult decât orice alt fel de pedeapsă. Aceasta este situația atât în familie, cât și în afara ei. Ca să ilustrez această idee aduc două exemple personale.

Primul exemplu este referitor la educația de acasă care este bazată pe rușine (părintele care își educă copilul). La începutul acestui an, o prietenă din Statele Unite, care a locuit aproape douăzeci de ani în România a deschis o tabără muzicală pentru copii în cadrul unei biserici baptiste din București. Prietena mea, Susan, era foarte impresionată de cât de repede copiii învățau lecțiile și cât de pasionați erau de muzică. Știind că la sfârșitul taberei aveau să aibă un recital în fața tuturor părinților, Susan a pus deoparte o jumătate de oră înainte de spectacol pentru rugăciune. Unul câte unul, fiecare copil s-a rugat o rugăciune similară care includea următoarea propoziție: *„Și să nu ne fie rușine."* Teama ca nu cumva să se facă de rușine în fața părinților și a comunității era adânc înrădăcinată în mințile acestor copii. Dacă prestau bine își onorau părinții. Dacă nu prestau bine i-ar fi făcut de rușine pe toți cei implicați.

Al doilea exemplu surprinde o amintire din perioada comunismului a profesoarei mele de limba română. Deși această scenă a avut loc cu mai bine de treizeci de ani în urmă este demnă de menționat deoarece rămășite ale rușinării publice în sistemul public de educație încă au loc. Profesoara mea, Diana, își amintește de diminețile din timpul anului școlar, când clasele se aliniau în fața intrării. În fața clasei se aflau profesorii toți așteptând apariția directorului. Când directorul ajungea în fața școlii, profesorii strigau pe nume și îi chemau în față pe elevii care nu fuseseră ascultători în ziua precedentă. Păcatele elevului erau apoi rostite cu voce tare, ca toți să audă, iar dacă era cazul i se administra și o pedeapsă. Deși scopul de a limita orice încălcare a regulamentului era evident, Diana își aduce aminte cât de zguduiți erau elevii de fiecare dată când scena aceasta se repeta.

Cele două exemple de mai sus exemplifică modul în care o figură autoritară folosește conceptele tradițional-acceptate de OR ca să educe copiii și tinerii. Copilul onorabil va cânta bine pentru că este mereu conștient că el și părinții lui vor fi făcuți de rușine dacă va cânta fals. Copilul onorabil va asculta cu strictețe de profesor de frica umilirii publice. În ambele cazuri opinia generală a grupului este cea mai valoroasă. Conformitatea este rege. Într-adevăr, întreaga agendă socialistă se bazează pe ideea de identitate de grup. Nu este deloc surprinzător că țările cu un lung trecut socialist tind spre o paradigmă OR. Astfel de culturi folosesc realitatea presiunii publice pentru a răsplăti sau pedepsi comportamentele sociale.

Este de folos să facem aici o scurtă paranteză și să menționăm că educarea unei persoane pentru a inspira un grad de înțelegere a onoarei și rușinii nu este sub nicio formă greșit din punct de vedere moral. Să facem o astfel de declarație ar însemna să judecăm negativ miliarde de oameni, iar acest lucru nu se cade. Însă dacă acționezi pe baza realității paradigmei rușinii, această abordare poate fi benefică, ea fiind parte din comportamentele și interacțiunile umane. DeSilva (1995) crede că o înțelegere a conceptului de rușine este „indispensabil pentru a deveni o parte socială a unei societăți" (pag. 62). De exemplu, eu aleg să nu conduc în direcția greșită pe un drum cu sens unic. Nu doar că sunt conștient că este ilegal și că vor fi consecințe financiare, dar cred și că mulți oameni vor fi afectați de decizia mea proastă. Ideea este că, opus gândirii individualiste, întregul grup este influențat de această încălcare a legii.

3. Încrederea

Un al treilea domeniu de analiză a paradigmei OR în cultura românească privește construirea încrederii între persoane. Natura relațională a culturilor latine nu este pusă în discuție, ceea ce înseamnă că o persoană trebuie să dedice timp și să facă eforturi ca să câștige titlul de prieten. În România, rețeaua de bază care îți poate face favoruri este familia. Mai mult, când un prieten se dovedește de încredere, este invitat să fie parte din „familia extinsă". Conceptul de OR se regăsește în gradul de reciprocitate din contextul acestor relații. Dacă un membru al familiei are nevoie de bani pentru mâncare, ar fi rușinos să mă uit la el cum flămânzește când aș putea să îl ajut cu ce are nevoie. Indiferent dacă acel membru al familiei este un văr îndepărtat pe care îl văd doar la nunți. Sentimentul împământenit de OR este asigurarea că ajutorul din partea familiei este pe drum.

Reciprocitatea este evidentă la toate nivelele societății românești. Majoritatea românilor nu-și pot imagina o lume în care familia și prietenii nu sunt dispuși să renunțe la confort ca să se ajute unii pe ceilalți. La bine și la greu, ei sunt toți conectați ca o familie. Când i-am cerut unuia dintre prietenii mei să definească conceptul nuanțat de „familie" el mi-a răspuns:

> Scopul pentru care trăiești. Scopul pentru care muncești. Pentru noi, românii, aș putea spune că familia este un ideal. Nu poate fi explicat de fiecare dată, adică nu a fost un moment exact în care am învățat ce înseamnă „familie". Este o comunitate de oameni, care au aceleași interese chiar dacă ei sunt diferiți, ce încearcă să găsească un echilibru ca să păstreze grupul și interesele grupului împreună. Adică te dezvolți și te identifici ca un grup în raport cu restul lumii, ca o familie, cu un nume. Pentru noi românii, familia este foarte importantă, iar acest lucru se vede în tot ce facem. Dacă muncești, muncești pentru familie. Dacă faci ceva extraordinar, o faci pentru familie. Dacă furi, pentru că mulți sunt prinși făcând asta, ei declară că au făcut-o pentru

> familie, chiar dacă a trebuit să se sacrifice pe ei...
> Deci, pentru noi românii, familia este totul.

Este ușor de înțeles cum această mentalitate colectivă se relaționează cu paradigma OR. Fiecare oportunitate de promovare, fie ea profesională sau financiară, este o șansă de aduce onoare sau de a păta onoarea familiei. De multe ori acesta este un lucru bun, cum este în cazul în care un părinte bolnav se mută în casa copiilor ca aceștia să aibă grijă de el. Un astfel de raționament poate, totuși, să ia și o întorsătură întunecată. Corupția face ravagii în România deoarece oamenii se așteaptă la „favoruri" de la prietenii lor, fie că este vorba de oferirea unei poziții oficiale unei persoane necalificate, sau permiterea unui club să rămână deschis fără permis de funcționare și protecție în caz de incendiu. Moravurile culturale impuse de paradigma OR asupra prieteniilor poate fi rentabilă atunci când sunt împlinite nevoi.

Dezvoltarea unor relații de încredere durează, în special în România. Din nou, acest lucru nu este neapărat rău; este doar o stare de fapt. Prin comparație cu cultura din care provin, timpul necesar ca să faci parte dintr-o rețea care să aibă încredere în tine poate părea extrem de lung. Discuțiile despre OR pot ajuta acest proces, deoarece românii gândesc inerent în raporturi ierarhice și de reciprocitate. Dacă ierarhia naturală nu este respectată și anumite condiții nu sunt îndeplinite, nu este de mirare că obținerea încrederii va dura mai mult decât cineva s-ar fi așteptat. Mai bine joci după regulile jocului social, arătând respect celor care li se cuvinte și să demonstrezi reciprocitate favorurilor personale care ți se fac. În acest mod, sistemul este respectat; nu doar sistemul inter-cultural, dar și paradigma OR este respectată.

4. Stereotipurile rroma

Al patrulea și ultimul element pe care îl vom aborda în această lucrare este modul în care românii se raportează la cultura rromă. Acest concept este important din cel puțin două motive. Primul: românii sunt asociați la nivel global cu rromii, datorită numărului mare de rromi ce au emigrat din România. Al doilea: românii au o istorie a discriminării împotriva rromilor, considerându-i o rasă inferioară. Tendința românilor este să se distanțeze de acest stereotip. Aceste idei vor fi explicate pe scurt în cele ce urmează în raport cu paradigma OR.

Istoria rromilor nu este deloc plăcută. Cel mai probabil rromii sunt de origine din casta celor ce nu trebuie atinși din nord-vestul Indiei, care au migrat spre vest așezându-se în regiunea Dunăre-Marea Neagră din sud-estul Europei undeva în secolul XIV. Djuvara (2014) susține că acest grup de oameni este „format din oameni care nu au avut pământ, case și nici libertate de mișcare – într-un cuvânt, sclavi" (pag. 100). Este bine documentat faptul că nobilii români aveau rromi ca sclavi în mod legal. O multitudine de basme populare românești includ descrieri ale rromilor ca fiind needucați, prost crescuți și putrezi (Mawr, 2008;

Kremnitz& Percival, 2010). Astăzi, în oraşele din România sunt mii de rromi care îşi câştigă existenţa cerşind şi, de multe ori, satele au zone mărginaşe unde locuiesc doar familiile mai sărace de rromi. Dar acest lucru nu este adevărat pentru toate persoanele de etnie rromă. Personal cunosc mulţi rromi pe care sunt norocos să îi număr printre prietenii mei. Totuşi, stereotipurile de mai sus întăresc în mentalul românesc ideea că rromii sunt o comunitate intrinsec ruşinoasă.

Pentru a ilustra acest concept voi da ca exemplu o conversaţie pe care am avut-o cu un şofer de autobus aproximativ cu doi ani în urmă. Soţia mea şi cu mine discutam cu el despre lucrurile care ne plăceau şi ne displăceau la România, vorbind cu admiraţie despre frumuseţea munţilor din sudul Transilvaniei şi plajele însorite. Când dialogul s-a îndreptat spre lucrurile mai puţin plăcute, şoferul a aruncat imediat câteva cuvinte jignitoare la adresa rromilor. Văzând că nu suntem de acord cu punctul lui de vedere şoferul a început să ne prezinte o listă cu tot ce era greşit cu rromii. Unul dintre lucrurile de pe listă includea şi faptul că „ei sunt aici să ne servească pe *noi*." Era evident că rasismul şoferului avea o memorie lungă. Când i-am spus că în săptămâna care urma aveam să mergem să slujim într-o tabără dedicată romilor creştini a fost şocat. În mintea şoferului de autobus, orice interacţiune cu rromii, în special petrecerea unei săptămâni întregi în compania lor, era de neconceput. Evident, acesta este un exemplu extrem pe care l-am întâlnit doar de câteva ori, dar care exprimă clar dispreţul cu care românii îi privesc de multe ori pe rromi.

Din cauza unei economii slăbite, mii de români educați și muncitori emigrează în Canada, Statele Unite și vestul Europei. Din păcate, mulți din nativii acestor țări nu știu nimic despre România cu excepția numărului mare de rromi. Emigranții români trebuie să demonstreze vecinilor că ei nu sunt, după cum o zice Cher „țigani, prostituate sau hoți." Am auzit mărturii ale românilor care au mințit cu privire la țara lor de baștină datorită rușinii care ar putea rezulta, în cea mai mare parte, din asocierea cu rromii. Acest stereotip rușinos este dislocat prin ore lungi de muncă și trăind o viață cinstită.

Cele patru caracteristici analizate anterior: limbajul, educația, încrederea și stereotipurile rroma ne sunt de folos în începerea unei discuții legate de paradigma OR în România. Cu siguranță aceste patru caracteristici nu formează o listă exhaustivă a culturii românești bazate pe OR. Dacă este suficient spațiu se pot include cu ușurință și alte elemente. Totuși, acum că am explorat pe scurt aceste patru domenii ale paradigmei OR ne este de folos să auzim voci specifice care vorbesc despre acest subiect dintr-o perspectivă indigenă. Apoi, construind pe aceste mărturii personale pe care le vom întâlni în continuare, vom trage câteva concluzii care să reflecte modul în care românii definesc aceste realități.

5. Vocile românilor

Intrigat de paradigma OR am intervievat cinci români de diferite vârste cerându-le să aleagă un exemplu de român onorabil și unul de român care îi face sau i-a făcut de rușine. Deoarece revoluția din 1989 a fost atât o revoluție psihologică nu doar una politică am vrut să aflu dacă există diferențe în modul în care este înțeleasă paradigma OR în funcție de vârstă. Unul dintre cei intervievați a împlinit optsprezece ani în timpul regimului comunist, doi dintre ei își amintesc trecerea de la comunism la democrație și doi dintre ei nu sunt suficient de în vârstă să fi trăit în perioada socialistă a României. Rezultatele au fost într-adevăr fascinante, deși nu atât de diverse pe cât mă așteptam. Dar acest lucru ne îndreaptă spre o potențială concluzie și anume că este posibil să indici cel puțin parțial-obiectiv modul în care românii înțeleg paradigma OR. Toate interviurile au avut loc în limba română, iar rezultate vor fi redate pe scurt în continuare.

Primul dintre cei intervievați este Samuel, 45 de ani. Samuel împlinise 18 ani când a avut loc revoluția din 1989 și a fost binevoitor să stea de vorbă cu mine câteva ore povestindu-mi despre Bucureștiul din perioada comunistă. Exemplul lui de om onorabil este generalul Ion Antonescu. Cunoscut în special pentru că l-a forțat pe rege să abdice și că s-a aliat cu Germania nazistă, Antonescu este considerat drept un dictator întunecat (Hitchins, 2014, pag. 202-215). Când l-am întrebat de ce tocmai Antonescu, Samuel mi-a răspuns că acesta s-a ținut de principiile sale chiar în fața pericolului. Samuel mi-a spus cu admirație în glas: „Deși știa că avea să fie dat afară și la un moment dat ucis, el a decis să își susțină ideile în continuare crezând că ceea ce face este bine pentru România. Și cred că avea dreptate" (comunicare personală, 30 septembrie, 2015). Exemplul oferit de Samuel pentru un român care a dus rușine poporului este Nicolae Ceaușescu, dictatorul ce a fost răsturnat de la putere în 1989. Este interesant faptul că Ceaușescu a dat înapoi la un moment dat renunțând la o direcție care ar fi fost favorabilă pentru economia țării. În cuvintele lui Samuel: „Dacă ai propriile idei și principii ține-te de ele până la capăt, chiar dacă înseamnă să te sacrifici. Ceaușescu nu a făcut asta." Cel puțin pentru Samuel paradigma OR este legată în mod direct de trăirea principiilor proprii.

Următoarele două persoane, care își amintesc atât experiența comunistă, cât și viața de după în cadrul unei republici democrate sunt Diana, 33 de ani, soția lui Samuel și Laurenția, 29 de ani. Exemplul Dianei de român de onoare este regele Ștefan cel Mare, care a apărat cu succes nord-estul României de atacurile otomane timp de aproape cincizeci de ani (Hitchins, 2014, pag. 29). Motivele pentru care l-a ales pe el, în propriile ei cuvinte, sunt: „A fost un om demn, care nu și-a trădat țara sau poporul și care a luptat pentru un scop bine definit." În ceea ce privește un român care a adus rușine, Diana l-a ales pe primul președinte al României de după revoluție, Ion Iliescu. Pentru Diana, metodele folosite de Iliescu să pună mâna pe putere sunt cele care îi aduc rușine. „Consider că toate modurile în care a pus el mâna pe putere sunt rușinoase. Oameni au murit la revoluție fără ca lui [Iliescu] să-i pese... iar el a profitat de ignoranța oamenilor și a pus mâna cu ușurință pe putere."

Remarcile Laurenției sunt uimitor de similare. Exemplul de persoană onorabilă dat de Laurenția este jucătoarea de tenis Simona Halep care deține câteva titluri mondiale. Laurenția vede în persoana Simonei Halep patriotism ce construiește o imagine pozitivă pentru România. Zâmbind, Laurenția spune: „Dar Simona este o persoană care muncește din greu, este sinceră, drăguță și asta îmi place la ea. Nu mă uit prea mult la tenis dar din ce am observat ea le transmite această mândrie de a fi român românilor." Pe de altă parte, pentru Laurenția un exemplu de persoană care aduce rușine este prim-ministrul României, Victor Ponta, care deși are o poziție înaltă dar este constant prins în scandaluri.[3]

Atât Diana, cât și Laurenția par să creadă că o persoană onorabilă nu își trădează țara și are succes în domeniul ei prin metode oneste. În același timp cele două femei sunt de acord că rușinea este dată de câștigurile necinstite și scandalurile politice. Există astfel o corelație între mărturiile Dianei și ale Laurenției.

Ultimii doi români intervievați sunt Carmelia și Dragoș, 26 de ani, respectiv 24 de ani. Exemplul de român onorabil dat de Carmelia este tatăl ei, care chiar și după ce și-a pierdut afacerea a ales să rămână în satul său și să lucreze în construcții, chiar dacă se plătea mai puțin. Carmelia contrastează acest exemplu cu tatăl prietenului ei, care a avut o firmă de construcții în același sat. Dar când și afacerea acestui om s-a prăbușit, el „a renunțat la familie și a părăsit țara, și nici până azi nu au vreo legătură cu el. Pentru mine, aceste lucruri

---

[3]Victor Ponta avea să fie forțat mai târziu să își dea demisia.

sunt esențiale în modul în care vezi onoarea unui om. A fugit de responsabilități și nu a înfruntat consecințele acțiunilor lui."

Dragoș nu a avut un răspuns inspirat din viața personală. Exemplul lui pentru un român onorabil a fost pastorul protestant Richard Wurmbrand. Cuvintele lui Dragoș, îmbibate de un limbaj specific paradigmei OR, merită redate în întregime:

> Richard Wurmbrand a fost curajos în luarea de poziție ca creștin în fața persecuției. Chiar dacă nu este cunoscut pentru valorile sale din acea perioadă, valorile lui s-au văzut în timp pe baza deciziilor pe care le-a luat. Deciziile lui, chiar în timpuri haotice, bazate pe credința lui i-au dat curaj și reprezintă absența rușinii. A demonstrat valori sănătoase. Deci pentru mine, este important să demonstrez valori sănătoase – să îi iubesc pe cei din jur, să fii altruist, darnic, sincer.

Și Dragoș l-a ales pe prim-ministrul Victor Ponta drept exemplu de român care aduce rușine, în mare parte bazându-se pe aceleași motive ca și Laurenția.

Pe baza interviurilor cu Carmelia și Dragoș, am observat că românii mai tineri văd o corespondență clară între OR și lupta pentru valorile unei persoane. Renunțarea la familie pentru o avere mai mare sau un statut politic mai înalt, în special dacă asta implică să părăsești țara, nu este considerat un gest onorabil. Această realitate este atât de răspândită în România încât o generație întreagă a crescut în grija bunicilor deoarece părinții au părăsit țara să își găsească un loc de muncă altundeva. Nu toți părinții au motive imorale să facă asta, nici nu își doresc să își părăsească copiii, dar este interesant să auzi că majoritatea românilor nu consideră acest sacrificiu unul onorabil. Altruismul este ruta onorabilă, deși de cele mai multe ori astfel de decizii nu sunt albe sau negre.

Se pot face câteva comentarii pornind de la similarități găsite între cele cinci interviuri. Unu: onoarea este oferită celor care își păstrează principiile. Chiar dacă valorile unei persoane sunt greșite este mai bine pentru acea persoană să își ducă planurile până la capăt și să fie onorați, decât să schimbe direcția și poate rușinea. Doi: românul onorabil nu fuge din fața adversității. Fiecare exemplu a susținut că o femeie sau un bărbat care nu se dă înapoi din fața conflictului, chiar cu riscul de a-și pierde viața, va avea parte de onoare. Trei: metodele pe care o persoană le folosește pentru a obține puterea contează mai mult decât statutul obținut. Exemplele de mai sus ne-au arătat cum românii își amintesc de modul în care eroii și răufăcătorii au urcat pe scara puterii. Patru: românii nu cred că onoarea poate fi găsită în politică. Știrile din România abundă de politicieni care au fost prinși pentru fapte de corupție, fapt ce întărește ideea că nimeni din clasa politică nu este curat. Cinci: românii au tendința să dea exemple mai multe de oameni care aduc rușine decât oameni onorabili. Când li s-a cerut să dea exemplu de român care aduce rușine, fiecare dintre cei intervievați a început să zâmbească sau să glumească întrebându-mă cât timp are la dispoziție pentru că lista e lungă, sau exprimând cât de uşor îi era să găsească exemple. Aceste caracteristici au contribuit la imaginea deja construită de analiza din secţiunile precedente, aducându-ne mai aproape de definirea unei ideologii OR în România.

Concluzie

Acest studiu încearcă să expună elementele ce constituie paradigma OR în cultura română. Dată fiind poziţia geografică a României în Europa, această ţară este considerată drept o regiune în care raportul OR este o realitate vizibilă. Mergând mai departe, mulţi comentatori interculturali provin din vestul global şi tind să aibă o paradigmă diferită de gândire şi procesare (nevinovăţie-vină, sau NV). De aceea, reflexia la anumite aspecte ale culturii româneşti poate părea inconfortabilă. Concluziile acestei lucrări au şi scopul de a contracara această tendinţă.

Contrastând cu NV, sistemul OR ia în calcul perspectiva colectivă înainte de a acţiona. Acesta tinde să fie şi cazul României. Alegerile unei persoane vor afecta inevitabil grupul din jurul ei. Această gândire de grup este atât de adânc înfierată în viziunea asupra lumii pe care o au românii încât preferinţele individuale devin perimate. Pentru o persoană din paradigma OR tot ce face cineva se reduce la gândul: mă va face onorabil în faţa comunităţii sau nu? Alternativa, care aduce ruşine comunităţii, trebuie evitată cu orice preţ.

În România, jocul OR se întâmplă mereu. De la modul în care te adresezi şefului la birou până la modul în care interacţionezi cu cerşetorul de pe stradă când cobori din tramvai, există mereu un mod corect din punct de vedere cultural prin care poți arăta onoare. Când cineva nu joacă după reguli, rezultatul este rușine.

Revenind la ilustrația de la începutul acestui eseu. Fotbaliștii români se zbăteau să egaleze la scorul de unu-zero pentru echipa adversă, echipă pe care ar fi trebuit să o domine decisiv. Când totul părea pierdut, fanii au început să huiduiască și să strige injurii la adresa jucătorilor români. Pentru mine, ca american ce provin dintr-o cultură cu o paradigmă IV, această scenă era de neînțeles. Dar, pentru modul de gândire al românilor, în cadrul paradigmei OR, echipa avea nevoie să fie împinsă de la spate într-un mod în care doar rușinarea o putea face. Până la urmă *"Rușinea e mai tăioasă decât sabia"*.

CAPITOLUL ȘAPTE:
UN POSIBIL PROCES SUSTENABIL DE MENTORAT, ÎN CADRUL COLEGIULUI BIBLIC ROMÂNESC[1]

A fost odată un profesor pe care îl chema David. Îl cunoșteam pe David de câțiva ani și urmam cursurile predate de el, dar relația dintre noi s-a schimbat imediat după o despărțire care mi-a sfâșiat inima. Într-un moment de disperare mi-am deschis inima înaintea lui. Am început să mă întâlnesc în mod regulat cu David, uneori chiar și de două ori pe săptămână, atât la el la birou, cât și înafara orelor de birou. Doar la câteva luni după absolvire, David a trecut dincolo de rolul său de profesor și chiar de cel al unui prieten. El și-a deschis Biblia, casa și familia pentru mine. David mi-a oferit sfaturi prețioase pe care le-am văzut trăite cu ochii mei. David nu mai era un simplu profesor. David mi-a devenit mentor. Țin legătura cu el chiar și azi.

Conceptul de mentorat este unul greu de definit. Surse diferite oferă definiții multiple, fiecare venind cu o perspectivă nuanțată care fie este prea simplistă, fie prea complicată (Crutcher, 2007; Goetsch &

---

[1]Acest eseu a apărut pentru prima dată în cadrul Conferinței Regiunii de sud a societății evanghelice misiologice (Wake Forest, NC) din 2017, iar apoi în același an, în cadrul Conferinței Naționale a societății evanghelice misiologice (Dallas, TX).

Rasmussen, 2008). De dragul clarității voi defini mentoratul drept asistare intenționată a unei persoane cu mai puțină experiență într-un anume domeniu din viață și/sau muncă astfel încât aceasta să poată face față mai bine provocărilor viitoare. Mai dificil decât a oferi o definiție este implementarea relațiilor multiple de mentorat.

Paginile următoare includ începutul unui plan de predare care are ca scop introducerea conceptului de mentorat în cadrul colegiului biblic din România în cadrul căruia sunt profesor. Voi începe cu o definire succintă a celor care învață aici și contextul în care se găsesc, dezvoltând în mod particular conceptul de „cultură cu o distanță de putere mare." Apoi, voi enumera câteva provocări pentru îndrumarea eficientă a studenților. Voi concluziona propunând un model transferabil de îndrumare ce poate fi aplicat de alte colegii biblice chiar și din afara Americii de nord.

Studenți și context

Seminarul teologic baptist din România, cunoscut și sub numele de *Institutul Teologic Baptist București*, este cel mai vechi seminar baptist din România. A fost fondat în 1921 în colaborare cu Bordul internațional de misiune al Convenției baptiste de sud, organizație din care fac și eu parte ca misionar. Seminarul este mândru de moștenirea pe care o are, o mare parte din absolvenți fiind dintre cei mai buni pastori baptiști din țară. Deși este numit seminar, instituția este mai mult un colegiu biblic decât o facultate, majoritatea studenților la secția de teologie pastorală având vârsta între 18 și 25 de ani.

Înafară de mine și un alt misionar din Statele Unite, toți ceilalți profesori din cadrul seminarului sunt pastori baptiști români. Câțiva dintre aceștia au între 30 și 40 de ani, dar majoritatea au peste 50 de ani. Profesorii de la seminar sunt oameni buni, care au slujit ani de zile ca pastori la biserici locale în București sau alte orașe. Ca să predai la colegiul baptist trebuie să fi slujit câțiva ani și să ai o diplomă de master. Toate aceste calificări vor fi evidente în cele ce urmează nu doar ca niște competențe necesare la locul de muncă, dar și ca valori culturale care definesc tipul de personalitate căreia i se permite să predea în cadrul seminarului baptist român. O scurtă ilustrație personală pentru clarificare.

În timp ce ne îndreptam spre locurile noastre din interiorul bisericii baptiste păstorite de președintele seminarului, o biserică luminoasă, decorată elaborat, mi-am aranjat cravata știind că aveam să-mi aud în curând numele strigat drept recunoaștere pentru poziția mea de profesor și misionar. Aceasta este slujba oficială de începere a noului an studențesc și toată lumea este îmbrăcată la patru ace. Pe platforma înălțată, în spatele amvonului se află președintele și cabinetul său, flancat pe o parte de studenții seminarului așezați pe scaune ca într-un amfiteatru, toți la costum, iar pe cealaltă parte de orchestră. Pe rândul din spatele studenților sunt așezați profesorii cu normă întreagă și ei la costum. Privind spre soția mea i-am șoptit că avea să urmeze o seară lungă. Istoricul institutului, predici și un spectacol muzical special, toate oferite de oameni cu titluri multiple și multe litere în fața numelui lor. Fiecare profesor și persoană oficială aflată în vizită trebuie salutat. În general este un serviciu plin de bucurie. În timp ce ne pregăteam să plecăm, la încheierea serviciului, m-am bucurat să mă întâlnesc cu studenții mei din anul anterior care au venit să mă salute.

Această introduce în procesul de mentorat este dedicată bărbaților de pe platformă. Ideal, contextul potrivit ar fi un fel de „întâlnire a profesorilor" în capela seminarului, unde am putea să ne adunăm toți ca frați și să discutăm realitățile și posibilitățile de îndrumare a studenților noștri, ca ei să fie mai bine echipați pentru slujirea de zi cu zi. Aceștia sunt bărbați curajoși, care au slujit neobosiți timp de zeci de ani, de multe ori primind salarii minuscule de la biserica lor și pentru poziția lor ca profesori. Aceștia sunt bărbați educați care au masterate și doctorate obținute atât de la Universitatea din București, cât și de la instituții din Marea Britanie sau Statele Unite. Aceștia sunt bărbați care au predicat adevărul lui Dumnezeu cu credincioșie și tânjesc să vadă mai multe biserici plantate și mai mulți români mântuiți. Aceștia sunt oameni buni. Totuși, am văzut că există o lipsă. Deși îndrumarea celor care vor fi lideri în viitor este un scop în teorie, atât studenții de azi, cât și prieteni pastori mi-au spus că acest lucru nu se întâmplă practic. Cred că aducând această situație în atenția acestor profesori este primul pas logic. Dar înainte să prezint schița planului meu de lecție, vreau să relatez câteva provocări culturale ce trebuie adresate în cazul acestei sarcini a mentoratului.

Provocări culturale

România este o țară est-europeană, un pământ plin de diversitate. Oscilând între modernitatea urbanului modelată după vestul global și conservatorismul rural cu rădăcini răsăritene, verdictul încă deliberat în ceea ce privește forma pe care o va lua România post-comunistă (Hitchins, 2014). Val după val de cuceritori străini ispitiți de deschiderea Deltei Dunării au făcut din pământul României, timp de secole, un câmp de luptă. Istoria tumultoasă a României demonstrează, pentru mulți români, realitatea ineluctabilă că structurile de putere sunt inevitabile și că ei trebuie să-și amintească mereu care le este locul pe scara socială. Istoricul politic Tom Gallagher (2005) explică:

> Românii au fost văzuți ca subiecți mai degrabă decât cetățeni de regimurile politice succesive, indiferent de nuanțele acestora. Nu există nicio urmă de îndoială dependența verticală și exploatarea intrinsecă a stăpânirii străine... aruncă o umbră lungă peste statul independent al României.

De bine sau de rău, aceasta este povestea României.

Dependența verticală și structurile de putere sunt văzute în diverse segmente ale societății românești. Aceste realități sunt foarte aparente în sala de clasă din România (Armstrong, 2015). Profesorii și studenții își cunosc locul foarte bine și totul de la vocabularul ce include cuvinte de respect folosit la ore până la modul în care sunt așezate scaunele reflectă această tendință. Aceste înclinații păstrează un nivel social acceptabil de putere la distanță. De exemplu, limba română este compusă din verbe care au atât forme formale, cât și informale. Studenții folosesc mereu formele formale ale verbelor când se adresează profesorilor. Când profesorii folosesc verbe formale când se adresează studenților poți să citești pe fața studenților confuzia. Ca o persoană din altă cultură, am întâlnit această ciudățenie de nenumărate ori când predam și mă adresam unui student care era mai în vârstă decât mine și care părea de-a dreptul uimit de faptul că mă adresam formal. Distanța de putere trebuie luată în considerare în sala de clasă din România.

Procesul de mentorat, prin natura lui, implică două părți cu nivele diferite de experiență, care se apropie una de alta. Cu cât cel mentorat este mai implicat în viața mentorului său, cu atât experiența de îndrumare este mai profundă. Bineînțeles, această apropiere poate sfida păstrarea distanței de putere, deși nu întotdeauna acesta este cazul. Reid & Robinson cred că există cel puțin două tipuri de mentorat: formal și informal. În mentoratul formal, liderii se întâlnesc în mod regulat cu unul sau mai mulți ucenici pentru sesiuni de responsabilizare și învățare. Pe de altă parte, procesul de mentorat informal îi apropie pe cei aflați sub îndrumarea mentorului de viața de zi cu zi a acestuia. Deși mentoratul formal este mai ușor de programat, este, de asemenea, mai ușor să te prefaci că viața „este frumoasă". Mentoratul informal presupune ca mentorul să aibă alături de el, în activitățile normale de zi cu zi, pe cel mentorat: să vadă un meci de baschet împreună sau să ia micul dejun împreună înainte de cursuri.

Reid& Robinson (2016) notează că această a doua metodă de mentorat este mai eficientă pe termen lung deoarece cei aflați sub îndrumare experimentează direct modul în care mentorii lor se confruntă cu provocări precum timpul, familia sau profesia (locația pe Kindle 262).

În planul de lecție introductivă voi susține nevoia pentru un model de mentorat în cadrul colegiului biblic din România, pe care profesorii să îl aplice. După ce fiecare secțiune a planului va fi dezvoltată, voi oferi o descriere a unui model mixt, informal și formal, de mentorat. Modelul acesta mixt este pe deoparte formal, în sensul că este structurat și cerut de instituție. Programul de mentorat va fi adăugat la lista practicilor studenților din fiecare semestru. Modelul pe care îl propun este și informal în ideea în care profesorii sunt încurajați să-i invite pe studenți în casele și birourile lor, ca aceștia să vadă pe viu ce înseamnă viața de pastor-profesor. Voi oferi pe parcurs și câteva idei care au reieșit din interviurile pe care le-am avut cu absolvenții seminarului, care acum sunt pastori în București.

Dezvoltarea unui plan de mentorat

Fiecare segment al planului de mentorat este descris în continuare, bineînțeles într-o formă succintă și probabil mai structurată decât ar avea să fie aplicată în sala de clasă. Din nou, contextul ideal este o întâlnire a profesorilor, toți fiind pastori baptiști care slujesc cu credincioșie de ani de zile. Deși publicul țintă este format din colegiile evanghelice din România, profesorii din alte culturi vor putea recunoaște similarități relevante contextelor lor.

I. Introducere

Lecția începe cu mulțumiri generale pentru profesori și în special pentru președinte pentru oportunitatea pe care o am de a vorbi cu ei despre acest plan de mentorat. <u>Ani</u> lor de experiență profesională și pastorală merită recunoaștere, iar eu le afirm statutul de persoane cu o experiență mai bogată decât mine.

Pentru a introduce conceptul de mentorat, povestiri precum cea de la începutul acestui eseu în care notam legătura mea cu profesorul și mentorul meu David, reprezintă un punct forte de start. Accentul ar trebui să fie pus pe faptul că profesorul David m-a primit în viața sa, prezentându-mă familiei și deschizându-și casa pentru mine. De la profesorul David am învățat că a fi profesor înseamnă mai mult decât a avea câteva diplome. Inima bună a unui profesor creștin tânjește să-și vadă studenții având succes în toate ariile vieții.

II. Isus ca mentor

Deși nu doresc sub nicio formă să le țin lecții profesorilor, vreau să evidențiez cel puțin o referință biblică. În Evanghelia după Marcu capitolul 3, versetul 14, citim „[Isus] A ales doisprezece, pe care i-a numit apostoli, ca să fie cu El, să-i trimită să predice." Principala metodă de ucenicie a lui Isus a fost timpul petrecut împreună cu ucenicii săi. Ucenicii au petrecut timp cu Isus atât în locații formale, precum sinagoga, dar și în locații informale precum plimbările pe marginea drumului. Isus a râs cu ei, au povestit, au luat mese împreună și chiar aveau finanțele împreună. Ei l-au urmărit pe Isus îndeaproape și au observat cum El reacționa în diverse situații.

În acest punct îi împart pe profesorii dinaintea mea pe perechi. Fiecare pereche va trebui să răspundă la următoarea întrebare: care au fost modurile specifice prin care Isus și-a mentorat ucenicii? Răspunsurile vor varia, dar următoarele pot forma o listă potențială:

- Povestiri
- Predici
- Pilde
- Ilustrații din viața personală
- Conversații unu la unu
- Discuții de grup
- Dându-le posibilitatea să îl asiste

Dorința mea este ca în acest punct să afirm statutul și cunoștințele superioare ale profesorilor, dar și să îi provoc să considere modalitățile diferite prin care Isus i-a mentorat pe ceilalți. Fiecare pereche va avea oportunitatea să își împărtășească ideile și să-și argumenteze răspunsurile. Deși nu doresc să insist asupra acestui aspect, dar este evident că scopul lui Isus nu era doar să îi învețe pe ucenici, dar și să îi echipeze pentru un tip de slujire similară cu a Lui.

III.   Un lucru pe care mi-aș fi dorit să îl fi învățat la seminar este...

Datorită naturii personale a slujirii pastorale, în sensul că ea este centrată pe persoane, le-ar fi de mare folos studenților seminariști să observe direct modul în care pastori cu vechime trec prin dificultăți. Fiecare lider are zile în care privește în urmă și zice: „Seminarul nu m-a pregătit niciodată pentru asta." Argumentul meu este că nu trebuie să fie acesta cazul și pentru studenții actuali.

Drept exemplu, revin la mentorul meu David. În urma unei despărțiri dificile și neașteptate treceam printr-o perioadă de epuizare emoțională și fizică. M-am prăbușit în fotoliul din biroul lui David și am început să plâng în timp ce îi povesteam toate planurile mele care depindeau de acea relație. Două luni după ce absolvisem cu o diplomă în istorie și educație, visul meu de a ajunge profesor de liceu se disipa cu repeziciune. Nu voi uita niciodată două lucruri din acea zi: compasiunea neprefăcută din ochii lui David și determinarea din vocea lui când mi-a spus că viața merge mai departe. David a rostit apoi următoarele două propoziții pe care le țin minte și acum, după zece ani: „Ești tânăr și isteț și nu ai prietenă. Dacă vrei să predai în Insulele Virgine, predă în Insulele Virgine". O lună mai târziu aplicam pentru poziția de profesor de istorie pe mica insula Saipan parte din arhipelagul Marianele de Nord.

Patru ani mai târziu, am început cursurile de consiliere în cadrul seminarului. Dar nu aș fi putut niciodată învăța dintr-o carte cum să consiliez inima frântă a unui student cum fusesem și eu. Sunt multe lecții ce nu pot fi învățate din cărți.

Revin la profesorii dinaintea mea și îi întreb: „Care este acel lucru despre slujire pe care ai fi dorit să îl înveți în seminar?" Fiecare pereche va oferi apoi un răspuns și va avea suficient timp la dispoziție pentru discuții. Răspunsurile ar putea include:

- Cum să aduc alinare unui membru al bisericii care este pe moarte
- Cum să consiliez pe cineva care suferă de o adicție (droguri, alcool, pornografie, etc.)
- Cum să angajezi sau să dai afară pe cineva în și din echipa bisericii
- Cum să administrezi bugetul unei biserici
- Cum să organizezi o întâlnire de rugăciune
- Cum să te pregătești pentru serviciile speciale (dedicare, botez, nuntă, înmormântare sau chiar ieșiri cu biserica)
- Cum să găsești echilibru între viața de familie și slujire

Cel mai probabil, în acest punct, vor începe discuții de grup. Iar acesta este un lucru sănătos, dar care nu ar trebui să ocupe cea mai mare parte din timp.

IV. Propunerea unui model de mentorat

După ce am privit la modurile diferite în care Isus i-a mentorat pe alții și am văzut câteva domenii de slujire în care toți am fost inițial nepregătiți, vine momentul potrivit să urmăm pașii de acțiune pe care îi putem face. Dar înainte să vorbesc despre treptele de mentorat individual, vreau să clarific că modelul propus utilizează practicile pe care studenții le au deja în programă. La fel ca în majoritatea institutelor teologice din lume, fiecare student la teologie pastorală trebuie să facă practică în fiecare an în cadrul bisericilor baptiste din România. În vacanțele din preajma sărbătorilor, precum Crăciunul sau Paștele, studenții sunt trimiși să slujească în bisericile mici din țară. În timpul semestrului ei sunt desemnați unei biserici din București în care să slujească. Un pastor cu care am vorbit, pe care îl voi numi pastorul T, mi-a spus că există o așteptare nerostită de mentorat între pastor și studentul de la seminar. Mai mult, un alt pastor, pastorul A, menționează că există o lipsă de „interes concret" în practica mentoratului. Un al treilea pastor, pastorul G, mi-a destăinuit că din cauza lipsei unui sistem de răspundere reciprocă, mulți studenți desemnați la anumite biserici, au tendința să „sară" de la o biserică la alta. Astfel, pastorii bisericilor nu reușesc să devină personal interesați de studenți.

Ceea ce propunește ca profesorii care slujesc și ca pastori în bisericile în care studenții sunt trimiși în practică să urmeze modelul de mentorat de mai jos. Astfel, nu trebuie să schimbe radical nimic în ceea ce privește slujirea studenților în biserici. Modelul următor este doar un sistem care oferă posibilitatea unui mentorat responsabil, punând minimum de presiune atât pe mentor cât și pe cei mentorați.

De multe ori când vorbesc cu studenții mei despre ce au făcut în perioada lor de practică, primesc de obicei răspunsuri de genul: „am predicat una-două predici." Nu doresc să spun că a avea studenți care să predice este o practică greșită. Dimpotrivă, această practică oferă experiențe valoroase pentru dezvoltarea viitorilor pastori. Totuși, dacă practica se rezumă doar la atât, iar studenții petrec prea puțin timp cu pastorul și conducerea bisericii, o astfel de practică nu îmbogățește și nu răsplătește la potențialul ei maxim. În acest caz, nu este nicio diferență între un predicator ce vine și predică o dată și un student la seminar desemnat să facă practică pastorală.

În centrul modelului de mentorat pe care îl propun se găsesc conversațiile unu la unu și o activitate corespunzătoare. Pastorii-profesori stau la masă cu studenții, în mod individual, cel puțin o dată pe lună. Repet, studenților li se desemnează o altă biserică din București în fiecare semestru, ceea ce se cumulează la trei-patru astfel de discuții maxim. Se cere o activitate pentru fiecare semestru. Fiecare an este împărțit pe teme, iar temele au scopul de a ghida aceste conversații pentru ca studentul seminarist să fie conștient de abordarea pastorului pe aceste subiecte mari. Tema din fiecare an va fi descrisă în continuare.

Primul an: pastorul ca om al studiului

Studenții din anul întâi care fac practică în bisericile profesorilor vorbesc despre studiile lor și cât de important este să îl iubești pe Dumnezeu fiind un bun învățăcel. Am ales intenționat tema „pastor și cărturar" pentru primul an ca studenții să-și înceapă studiile teologice cu o atitudine potrivită. Studenții trebuie să fie atenționați asupra faptului că munca excelentă a oamenilor lui Dumnezeu imită munca excelentă a lui Dumnezeu Însuși.

Pe parcursul conversației mele cu pastorul G, o temă și-a făcut apariția din nou și din nou: liderii evanghelici din România de multe ori nu promovează dedicarea față de studiu. Din nefericire aceasta este într-adevăr situația. În multe feluri ea este indicativă pentru lumea evanghelică în general. După cum istoricul Mark Noll (1994) demonstrează atât de elocvent în cartea sa *Scandalul minții evanghelice*, accentul pus pe studiu și dezvoltarea rațiunii sunt percepute în mod greșit printre evanghelici ca fiind în opoziție cu credința. De aceea există un abandon general; nimeni nu pare să fie dispus să învețe generația următoare să îl iubească pe Dumnezeu cu mintea.

Pastorii care slujesc ca mentori pentru studenții din colegiile biblice au puterea să schimbe această percepție greșită. Mentorii ar trebui să își pună timp deoparte și să vorbească cu studenții lor despre cum îl pot iubi pe Dumnezeu prin studiul asiduu al Cuvântului lui Dumnezeu. Doar unul din patru pastori cu care am discutat pe acest subiect a menționat că profesorii lui îl îndemnau să exceleze în studiile lui. Trebuie acceptat și că studenții vor avea capacități diferite de învățare și aptitudini limitate de citire și scriere. Totuși, dezvoltarea minții unui pastor joacă un rol semnificativ în chemarea lor. Din proprie experiență, ca profesor, am observat câțiva studenți care se mulțumesc să ia note de trecere, nefiind dispuși să facă un pas în plus ca să obțină punctaj maxim. Cred că dacă studenții ar descoperi că profesorii sunt cu adevărat interesați de preocupările lor academice, notele lor s-ar îmbunătății iar stima de sine ar fi mai ridicată.

Activitatea semestrială presupune ca profesorul-mentor să îl invite pe student în birou personal, acolo unde acesta își face studiile. Conversațiile care vor avea loc în biroul pastorului, înconjurate probabil de notițe pentru predici și comentarii biblice, slujesc ca o încurajare pentru viitorii pastori, ca să își ia studiile în serios. Eu nu privesc ca un lucru lipsit de importanță când un profesor mă invită în biroul său să discutăm probleme academice unu la unu, ci dimpotrivă.

Al doilea an: pastorul ca ucenic.

Deși pastorii se dedică lucrării în mod constant prin comunicări și prezență publică, pastorul înțelept este suficient de umil să știe că are nevoie de Hristos în fiecare zi. O, cât este de ușor să ne supra-încărcăm programul zilnic cu predici despre Dumnezeu, fără să ne oprim să petrecem timp cu Dumnezeu. Ispita de a alerga înainte și înapoi pentru slujitori duce la o majoritate disproporționat de mare de păcate, epuizare completă și depresie. Seminariștii ar trebui să audă despre aceste realități.

Totuși, un alt pastor român, pastorul R, își amintește cu nostalgie cum un profesor care l-a mentorat informal în anii de studenție nu începea niciodată un curs fără să petreacă timp personal în rugăciune. Pastorul R l-a urmărit cu atâta atenție pe mentorul său, încât și după 20 de ani rememorează acele momente. Este evident că viața și îndrumarea oferită de acest profesor izvora din umblarea lui cu Dumnezeu.

Să vorbești cu alte persoane, sau chiar cu studenții tăi, despre relația ta cu Hristos, nu vine natural. Prin comparație, este mai ușor să stai în fața unei mulțimi și să vorbești din Scriptură, decât să vorbești deschis despre practicile zilnice și dorința ta de a avea un timp pus deoparte pentru Dumnezeu. Chiar și mărturisirea că există zile în care nu reușești să petreci timp cu Dumnezeu demonstrează studenților că și mentorii lor sunt oameni și au parte de lupte. Mentorii trebuie să aibă curajul să păstorească studenții în acest mod și pentru că aceștia, poate, după 20 de ani, la fel ca pastorul R, își vor reaminti de aceste lecții. Astfel, activitatea esențială care i se cere unui pastor este să îl invite pe student la un timp zilnic de părtășie cu Dumnezeu.

Al treilea an: Pastorul ca familist

Realitatea tristă a pastorilor epuizați și în depresie are ca rezultat, de multe ori, căsnicii eșuate. Pastorii par a fi sub impresia că a fi ocupat este același lucru cu a fi evlavios, iar din această cauza victima principală, adeseori, este familia (Boyd, 2014). Într-un oraș mereu în viteză, precum Bucureștiul, timpul este o comoditate prețioasă, iar timpul petrecut acasă, cu familia, este o bătălie pentru care fiecare pastor trebuie să lupte. Seminariștii trebuie să cunoască acest adevăr încă din timpul studenției, în special dacă se pregătesc să se căsătorească.

În perioada mea la seminar, pastorii și liderii din biserica mea au pus mult accentul pe dezvoltarea de familii fericite. Soțiile și copiii acestor bărbați erau oameni frumoși alături de care îți plăcea să petreci timp. Chiar și înainte de acea perioadă, când eram în casa mentorului meu David sau luam masa împreună cu familia lui, sau stăteam la foc în curtea din spatele casei, mi-a plăcut să văd cum întreaga familie îmbrățișa rolul mentorului meu de a găzdui în casa lor studenți. Am dorit mereu să fac și eu acest lucru dacă Dumnezeu avea să mă binecuvânteze cu o familie.

Acum, ca profesor, soția mea și cu mine primim studenții în casa noastră cel puțin o dată pe semestru. Pregătim ceva gustări și cafea sau ceai și avem discuții relaxate cu studenții. Recunosc că o astfel de practică ar putea descrește autoritatea și, posibil, respectul, dar aceasta nu a fost situația în cazul nostru. Vreau ca studenții mei să vadă cum interacționez cu soția și fiica mea. Vreau ca ei să vadă că îi permit soției să inițieze conversații, sa vadă modul în care îi confer atenție și faptul că eu sunt cel care spală vasele. Vreau ca ei să vadă dragostea din casa noastră regăsită în tablourile pe care am ales să le punem pe pereți și în versetele biblice printate și atârnate deasupra televizorului. Activitatea pentru studenții de anul trei presupune ca profesorii să facă și ei acest lucru cu studenții care le vin în practică.

Al patrulea an: pastorul ca păstor

În multe feluri, predicarea bună poate fi învățată din cărți (Akin, Alle, & Matthews, 2010; Richard, 2001). Nu acesta este cazul unei păstoriri bune, deoarece pastorala, prin natura ei, implică ucenicie, smerenie și o dragoste neprefăcută interpersonală (Baxter, 2011;

Croft, 2015). Păstorirea implică comunicarea failibilă a dragostei lui Dumnezeu unor oameni failibili pe care Dumnezeu îi iubește. În cuvintele lui John Piper (2013), buna slujbă de păstorire este o recunoaștere a faptului că „nu suntem profesioniști".

Ajunși în acest punct în dezvoltarea lor academică, studenți aproape de finalul călătoriei lor în cadrul colegiului biblic, ei vor înțelege mai bine teologia și teologia practică. Construind pe această fundație, are sens ca mentorii să le permită celor pe care îi îndrumă să observe aspectele practice ale unei slujiri. Pastorii tineri se trezesc nepregătiți pentru domeniile pastoralei care nu implică predicarea, domenii precum: evanghelizarea personală, consilierea și coordonarea administrativă. Invitând seminariștii de anul patru în conversații despre cum pastorii înfruntă aceste provocări poate fi o acțiune extrem de benefică, în special pentru că o mare parte dintre studenți intră imediat în slujirea pastorală după absolvire.

Conversațiile despre mentorat, în această fază, vor gravita în jurul practicilor și dinamicii bisericii, în timp ce în anii anteriori aceste discuții erau mai mult teoretice. Cu alte cuvinte, această ultimă etapă a programului de mentorat poate fi numită faza de „șuruburi și piulițe", datorită pragmatismului ei. Studenții pun întrebări și apoi observă direct cum pastorii se pregătesc pentru serviciile speciale de botez, înmormântări sau cum aceștia se ocupă de administrarea finanțelor.

O posibilă reprezentare a modelului de mentorat este aceea a unei biserici cu patru stâlpi. Clădită pe fundația Scripturii și ridicată spre gloria lui Dumnezeu, fiecare dintre cei patru stâlpi este format din una dintre cele patru teme propuse pentru fiecare an universitar: cărturar, ucenic, familist și păstor. Am încrederea deplină că ridicarea acestor patru stâlpi poate merge departe în susținerea unei slujiri bine înrădăcinate și de lungă durată.

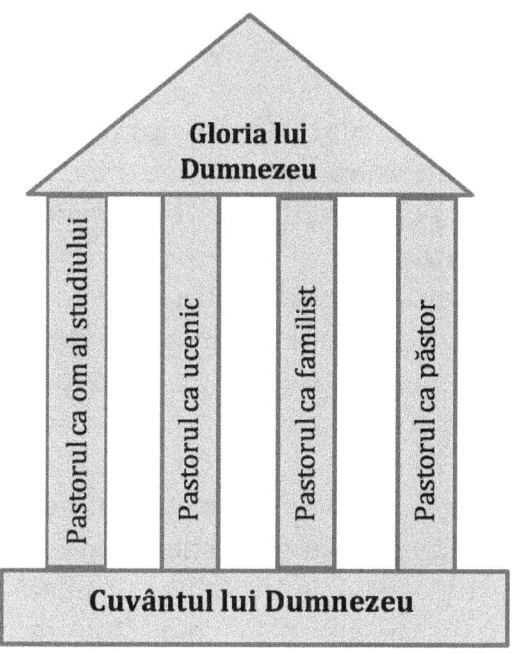

Concluzie

În fiecare eră, misionarii s-au întrebat care avea să fie moștenirea lor pe câmpul de misiune. Să împământenim un program sustenabil de mentorat în cadrul colegiilor biblice din toată lumea este un scop nobil pe termen lung. Cred că transferarea acestui model în contextul altor colegii biblice este posibilă. Bineînțeles, fiecare cultură și instituție trebuie să contextualizeze modelul pentru ca acesta să se potrivească nevoilor locale. Inevitabil se vor naște întrebări de contextualizare precum:

1. **Cum arată metoda potrivită de răspundere reciprocă pentru studenți? Dar pentru profesori?**
2. **Este succesul dat de urmarea întocmai a acestui plan de mentorat?**
3. **Care este o perioadă de timp rezonabilă de implementare?**
4. **Ce facem cu studenții online?**
5. **Cum facem mentorat în contextele în care învățarea se realizează în mod principal și secundar pe cale orală?**

În fața acestor întrebări susțin în continuare că acest model de mentorat ar putea funcționa bine, dacă agenții de schimbare urmează o procedură similară planului discutat mai sus. În culturile cu o distanță mare față de putere, precum România, statutul și rolul de profesor trebuie respectat și afirmat. Sănătatea bisericii, în viitor, în majoritatea regiunilor din lume, depinde de pastori cu o pregătire bună care au doctrină sănătoasă și personalități echilibrate. O astfel de abordare sustenabilă va avea rezultate mult timp de acum încolo, chiar și după ce viețile noastre se vor sfârși. Iar asta este ceea ce ne dorim. Sunt recunoscător pentru mentorii care m-au încurajat și m-au adus în slujire. Acesta este lucrul pe care mi-l doresc și pentru studenții mei.

BIBLIOGRAFIE

Introducere

Capitolul unu

Adams, R. N., *Energy and structure: A theory of social power*, Univ. of Texas Press, Austin, 1975

Aioanei, I., *Leadership in Romania. Journal of Organizational Change Management*, 19(6), 705-712, 1975.

Apeh, J., *Social Structure and church planting*, Indigenous Missions International, Atascadero, CA, 1995.

Djuvara, N. *A brief illustrated history of Romanians*, Humanitas, București, România, 2014.

Institutul național de statistică, *What does the 2011 census tell us about religion?*, Institutul național de statistică, București, România, 2013.

Hofstede, G., Hofstede, G. J., & Minkov, M., *Cultures and organizations: Software of the mind*, McGraw-Hill, New York, 2010.

Lingenfelter, S., *Agents of transformation*, Baker, Grand Rapids, 1996.

Redfield, R., *The Little community, and peasant society and culture*, Univ. of Chicago Press, Chicago, 1989.

Rosen, L., *Bargaining for reality*, Univ. of Chicago Press, Chicago, 1984.

Schusky, E., *Manual for kinship analysis*, a doua ediție, Univ. Press of America., Lanham, MD, 1983.

Capitolul doi

Adams, R. N., *Energy and structure: A theory of social power*, Univ. of Texas Press, Austin, 1975.

Aioanei, I., *Leadership in Romania. Journal of Organizational Change Management,19*(6), 705-712, 2006.

Bolman, L. G., & Deal, T. E., *Reframing organizations*, Jossey-Bass, San Francisco, CA, 2003.

Constantin, T., Pop D., & Stoica-Constantin, A., *Romanian managers and human resource management. Journal of Organizational Change and Management,19*(6), 760-765, 2006.

Djuvara, N., *A brief illustrated history of Romanians*, Humanitas, Bucharest, Romania, 2014.

Fein, E. C., Tziner, A., & Vasiliu, C., *Age cohort effects, gender, and Romanian leadership preferences. Journal of Management Development, 29*(4), 364-376, 2010.

Hammett, J. S., *Biblical foundations for Baptist churches: A contemporary ecclesiology*, Kregel, Grand Rapids, MI, 2005.

Lingenfelter, S., *Transforming culture: A challenge for Christian mission* (a doua ediție), Baker, Grand Rapids, MI, 1998.

Șerban, S., *Institution development and corruption in local society in southeastern Europe. In K. Roth (Ed.),Social networks and social trust in the transformation countries: Ethnological and Sociological Studies* (pp. 175-196), Gimbl & Co, Zurich, Switzerland, 2007.

Sikor, T., Stahl, J., & Dorondel, S., *Negotiating property and state: Post-socialist struggles over Albanian and Romanian forests.* (pp. 1-26). The School of Development Studies, Univ. of East Anglia, Norwich, Marea Britanie, 2008.

Uniunea Bisericilor Creștine Baptiste din România, "*Statutul de organizare și funcționarea Cultul Creștin Baptist.*" Preluat de pe http://uniuneabaptista.ro/rubenword/wp-content/uploads/2011/10/Statut.pdf, 2008.

Verdery, K., *Seeing like a mayor: Or, how local officials obstructed Romanian land restitution. Ethnography, 3*(1), 5-33, 2002.

Capitolul trei

Aioanei, I., *Leadership in Romania. Journal of Organizational Change Management, 19*(6), 705-712, 2006.

Arfire, R., *The Moral regulation of the second Europe: Transition, Europeanization and the Romanians. Critical Sociology, 37*(6), 853–870. doi:10.1177/0896920510398017, 2011.

Coupland, N., *The delicate constitution of identity in face-to-face accommodation: A response to Trudgill. Language in Society 37*(2), 267-270, 2008.

Djuvara, N., *A brief illustrated history of Romanians.* Humanitas, București, România 2014.

Dutu, C. B., *A transatlantic "romance" in Romania. Irish Journal of American Studies, 13/14*, 139–148, 2004.

Hofstede, G., Hofstede, G. J., & Minkov, M., *Cultures and organizations: Software of the mind*, McGraw-Hill, New York, 2010.

Salacuse, J. W., Teaching international business negotiation: Reflections on three decades of experience. *International Negotiation, 15*(1), 187-228, 2010.

Ting-Toomey, S., *Identity negotiation theory: Crossing cultural boundaries*. In W. B. Gudykunst (ed.), *Theorizing about intercultural communication* (pp. 211-233), Sage, Thousand Oaks, CA, 2005.

Ting-Toomey, S., & Oetzel, J. G., *Managing intercultural conflict effectively*, SAGE Publications, Thousand Oaks, CA, 2001.

Volf, M., *A vision of embrace: Theological perspectives on cultural identity and conflict. The Ecumenical Review, 47*(2), 195-205, 1995.

Capitolul patru

Lovejoy, G., *The extent of orality. Orality Journal 1*(1): 29, 2012.

Capitolul cinci

Harrison, L. E. & Huntington, S. P., *Culture matters: How values shape human progress,* Basic Books, . New York, NY, 2000.

Hitchins, K., *A concise history of Romania*, Cambridge Univ. Press, Cambridge, Marea Britanie, 2014.

Institutul național de statistică, *What does the 2011 census tell us about religion?*, Institutul național de statistică, București, România, 2013.

Letham, R., *Through western eyes: Eastern Orthodoxy, a reformed perspective,* Christian Focus Publications Ltd., Geanies House, Great Britain, 2007.

Litfin, D., *Word versus deed: Resetting the scales to a biblical balance,* Crossway, Wheaton, IL, 2012.

Pew Research Center, *Religious belief and national belonging in central and eastern Europe.* Preluat la data de 24 mai, 2017, de pe http://www.pewforum.org/2017/05/10/religious-belief-and-national-belonging-in-central-and-eastern-europe/, 2017.

Spann, M., *Witnessing to people of Eastern Orthodox background: Turning barriers of Belief into bridges to personal faith,* disertație doctorală în cadrul Seminarului teologic baptist de sud-vest, Fort Worth, TX, 2001.

St. Athanasius Orthodox Academy, *The Orthodox study Bible,* Thomas Nelson, Nashville, TN, 1993.

Van de Poll, E. & Appleton, J., *Church planting in Europe: Connecting to society, learning from experience,* Wipf & Stock, Eugene, OR, 2015.

Capitolul șase

Aioanei, I., *Leadership in Romania. Journal of Organizational Change Management, 19*(6), 705-712, 2006.

Ciobanu, L., *Do Romanian schools produce idiots?. The Economist.* Preluat de pe http://www.economist.com/blogs/easternapproaches /2012/08/education-romania, 2012.

DeSilva, D. A., *Despising shame: Honor discourse and community maintenance in the epistle to the Hebrews*, Scholars Press, Atlanta, GA, 1995.

Djuvara, N., *A brief illustrated history of Romanians*, Humanitas, București, România, 2014.

Flanders, C. L., *About face: Rethinking face for 21stcentury mission,* Wipf and Stock Publishers, Eugene, OR, 2011.

Hitchins, K., *A concise history of Romania*, Cambridge Univ. Press, Cambridge, Marea Britanie, 2014.

Hofstede, G., Hofstede, G. J., & Minkov, M., *Cultures and organizations: Software of the mind*, McGraw-Hill, New York, 2010.

Kállay, É., *Learning strategies and metacognitive awareness as predictors of academic achievement in a sample of Romanian second-year students. Cognitie, Creier, Comportament, 16*(3), 369–385, 2012.

Kremnitz, M. & Percival, J. M. *Legends and folklore: Eighteen fairy tales from Romania*, ReadaClassic.com, Cedar Lake, MI, 2010.

Livermore, D. A., *Cultural intelligence: Improving your CQ to engage our multicultural world*, Baker, Grand Rapids, 2009.

Marga, A., *Reform of education in Romania in the 1990s: A retrospective. Higher Education in Europe, 27*(1/2), 123–135, 2002.

Mawr, E. B., *Romanian fairy tales and legends*, Forgotten Books, Charleston, SC, 2008.

Richards, E. R. & O'Brien, B. J., *Misreading Scripture with western eyes: Removing cultural blinders to better understand the Bible,* InterVarsity Press, Downers Grove, IL, 2012.

Wu, J., *Saving God's face: A Chinese Contextualization of Salvation Through Honor and Shame,* WCIU Press, Pasadena, CA, 2012.

Capitolul şapte

Akin, D., Allen, D. L., & Matthews, N., *Text-driven preaching: God's word at the heart of every sermon,* B & H Academic, Nashville, TN:2010.

Armstrong, C. D., *Honor and shame cross-currents in Romanian culture. Jurnal Teologic 14*(2): 95-123, 2015.

Baxter, R., *The reformed pastor.* CreateSpace Independent Publishing Group, 2011.

Boyd, B., *Addicted to busy,* David C. Cook, Colorado Springs, CO,2014.

Croft, B., *The pastor's ministry: Biblical priorities for faithful shepherds,* Zondervan, Grand Rapids, MI, 2015.

Crutcher, B. N., *Mentoring across cultures. Academe 93*(4): 44-48, 2007.

Dever, M., *Discipling: How to help others follow Jesus.* Crossway, Wheaton, IL, 2016.

Gallagher, T., *Modern Romania: The end of Communism, the failure of democratic reform, and the theft of a nation.* NYU Press, New York, 2005.

Goetsch, J. &Rasmussen, M., *Mentoring and modeling: Developing the next generation,* Striving Together Publications, Lancaster, CA, 2008.

Hitchins, K., *A concise history of Romania*. Cambridge Univ. Press, Cambridge, Marea Britanie, 2014.

Noll, M., *The scandal of the evangelical mind,* Eerdmans, Grand Rapids, MI, 1994.

Piper, J., *Brothers, we are not professionals: A plea to pastors for radical ministry,* B & H Publishing Group, Nashville, TN, 2013.

Reid, A. L. & Robinson, G. G., *With: A Practical Guide to Informal Mentoring and Intentional Disciple Making*, Rainer Publishing, Nashville, TN, 2016.

Richard, R., *Preparing expository sermons: A seven-step method for biblical preaching,* Baker, Grand Rapids, MI, 2001.

Cameron D. Armstrong

DESPRE AUTOR

Cameron D. Armstrong este plantator de biserici și lucrează în domeniul educației teologice pentru Bordul internațional de misiune (BIM). Urmează cursurile doctorale ale Universității Biola pe tema educației interculturale. Cameron locuiește în București, România, alături de soția lui Jessica și cei doi copii: Sara și Noah. Cameron poate fi contactat pe e-mail la: cameron_armstrong@ymail.com.

CUPRINS

INTRODUCERE: CĂLĂTORIA MEA xi

CAPITOLUL UNU: ANTROPOLOGIA ȘI MISIOLOGIA SOCIALĂ ÎN CONVERSAȚII: UN STUDIU DE CAZ DIN ROMÂNIA 1

CAPITOLUL DOI: TIPARE ALE LEADERSHIP-ULUI ÎN ROMÂNIA ȘI IMPLICAȚIILE MISIOLOGICE ALE ACESTORA 26

CAPITOLUL TREI: NEGOCIEREA IDENTITĂȚII ROMÂNO-AMERICANE: UN STUDIU DE CAZ ÎN COMUNICAREA INTERCULTURALĂ 52

CAPITOLUL PATRU: EDUCAȚIA ÎN ORTODOXIA RĂSĂRITEANĂ 82

CAPITOLUL CINCI: CREDINCIOȘII DIN CONTEXTE ORTODOXE: ASCULTÂND ȘI ÎNVĂȚÂND 95

CAPITOLUL ȘASE: ONOARE ȘI RUȘINE: CURENTE INTERSECTATE ÎN CULTURA ROMÂNEASCĂ 115

CAPITOLUL ȘAPTE: UN POSIBIL MODEL DE SUSTENABILITATE ÎN MENTORARE ÎN CADRUL COLEGIULUI BIBLIC ROMÂNESC 143

www.ingramcontent.com/pod-product-compliance
Lightning Source LLC
LaVergne TN
LVHW011938070526
838202LV00054B/4707